CARMEN
TATSCHMURAT

Kleine Gemeinschaften

Carmen Tatschmurat

23.1.25

CARMEN TATSCHMURAT

Kleine Gemeinschaften

Spirituelles Leben gemeinsam neu gestalten

VIER TÜRME

FÜR CHIARA

und alle, die mit ihr
auf dem Weg sind

Inhalt

Wozu dieses Buch?

Wie gestalten zwei, drei, vier Frauen oder Männer heute miteinander ein Leben, das spirituell geprägt ist? Diese Frage beschäftigt mich und meine Mitschwestern der Abtei Venio in München seit 2007, als wir eine Neugründung in Prag wagten. Hoffnungsvoll dachten wir, es werden sich regelmäßig neue Frauen anschließen und bald wird die Gemeinschaft selbstständig ihren Weg gehen. Das hat sich nicht bewahrheitet, bis heute lebten dort nie mehr als sechs Schwestern. Inzwischen freuen wir uns, dass wir uns nicht getrennt haben, sondern als eine kleine und eine größere Gemeinschaft an zwei Orten im Austausch leben.

Kleine klösterliche Zellen gab es schon immer. Sie sind ein ganz eigenständiges Modell geistlichen Lebens. Wir verbinden sie nur allzu leicht mit frommem Einsiedlertum und längst vergangenen Zeiten. Dagegen möchte ich zeigen, wie gut sie in unsere Zeit passen: klein, flexibel und hochspirituell. Jedes Mitglied ist voll verantwortlich, es gibt keine Nischen, in denen man sich verstecken kann. Und es gibt Gestaltungsmöglichkeiten. Die 1500 Jahre alte Regel des heiligen Benedikt kann neu ausbuchstabiert werden und ihre Kraft kann sich gegenwartsbezogen entfalten. Oder, wie es Abtpräses Jeremias im Gespräch sinngemäß formulierte: Die Gemeinschaften, die überlebt haben, haben sich immer wieder neu erfunden. In unserer Vorstellung sind sie (immer noch) »Sonderfälle«, in ganz vielen

Gesprächen, nicht nur in den hier dokumentierten, hört man jedoch, dass die Zukunft in kleinen, überschaubaren Gemeinschaften liegt. Ich bin überzeugt, dass es zukünftig mehr kleine Gemeinschaften mit deutlich unter zehn Mitgliedern geben wird, ja, dass das wohl die Zukunft der Klöster – zumindest in Europa – sein wird. Das ist nicht zu bedauern, sondern erst einmal zu konstatieren. Als Benediktinerin und zugleich Soziologin geht es mir darum, zu fragen, was das bedeutet.

Das vorliegende Buch soll Anregungen geben, die über den benediktinischen Bereich hinausreichen, und Impulse setzen für kleine Gruppierungen, Gemeinschaften, Personen, die sich auf der Basis einer anderen Spiritualität oder von gemeinsam geteilten Werten zusammengeschlossen haben oder vorhaben, das zu tun. Die Erfahrungen, die in den Gesprächen formuliert wurden, geben dazu viel Stoff.

Ich habe mich im deutschsprachigen benediktinischen Raum auf die Suche gemacht. Ich suchte keine Gemeinschaften, die einmal groß waren und nun mit einer kleinen Gruppe alter Mönche oder Schwestern in viel zu großen Gebäuden zurechtkommen müssen. Mein Fokus liegt auf Gruppierungen, die in den vergangenen Jahren bewusst als Cella, als klösterliche Wohngemeinschaft, die außerhalb der großen Klöster und mit deren Unterstützung gegründet wurde und die eher nicht beabsichtigt, wesentlich größer zu werden. Begonnen haben sie vor höchstens zwanzig bis dreißig Jahren, manche sind viel jünger. Sie leben kein »Notfallprogramm« und versuchen nicht, eine klassische Klosterstruktur vollständig mit einer Handvoll Menschen aufrechtzuerhalten, sondern sie leben das, wozu Benedikt uns anweist: Sie stellen sich auf die örtlichen und personellen Gegebenheiten ein.

Im Einzelnen haben mich folgende Fragen bewegt, dieses Projekt anzugehen:

» Ist es nicht an der Zeit, Abschied zu nehmen von der Idee, dass Gemeinschaften beständig wachsen müssen? Eine Frage, die sich auch auf anderen Ebenen unserer Gesellschaft immer deutlicher aufdrängt.

» Wenn die Entwicklung eher hin zu kleinen Gruppen geht, dann vielleicht auch deshalb, weil diese sich weniger mit Strukturen und organisatorischen Notwendigkeiten beschäftigen müssen und eine ganz eigene Strahlkraft entwickeln können?

» Welche besonderen Chancen haben solche Gruppen, um die Spannung, die zwischen Individualität und Gemeinschaftsleben entsteht, gut zu bewältigen? Mit welchen Herausforderungen sind sie konfrontiert?

» Wie kann spirituelles Leben in einer kleinen Gruppe authentisch gelebt werden, ohne dass sich die Einzelnen überfordern? Entwickelt sich hier eine neue gemeinschaftliche spirituelle und kreative Lebenskunst, die mit mehr Freude und Zufriedenheit einhergeht?

» Ist das Wirken des Heiligen Geistes in unserer Zeit gerade hier leise und zugleich beharrlich am Werk?

Besucht bzw. interviewt habe ich neun benediktinische und eine ökumenisch ausgerichtete Gemeinschaft, die dem Benediktinischen nahesteht. Zwei davon in der ehemaligen DDR, eine in Prag. Benediktinisch deshalb, damit eine Variable weitestgehend allen gemeinsam ist: die Spiritualität, basierend auf der Regel Benedikts, sowie die Traditionen im weitesten Sinn.

Vor allem verbindet alle das gemeinsame Stundengebet. Und natürlich, weil ich dazu einen leichten Zugang fand.

Zu Wort kommen drei Frauen- und vier Männergemeinschaften sowie eine, in der Männer und Frauen getrennt-gemeinsam leben (Reichenau). Als »Sonderfälle« habe ich die Propstei St. Gerold besucht, in der nur ein Mönch lebt, der das Benediktinische in sein Team hinein vermittelt, sowie das ökumenische Stadtkloster in Zürich. Auch einige der anderen Klöster sind eher Stadtklöster, wieder andere haben eine je besondere Lage, auf einer Felsspitze, auf einer Insel, in ruhiger Landschaft.

Aufbau und Methode

Jede Gemeinschaft wird zunächst kurz skizziert, auch so, wie ich sie bei meinem Besuch erlebt habe. Dann folgt eine leicht überarbeitete Fassung des Gesprächs, das ich geführt habe. Am Ende jedes Abschnitts steht ein kleines persönliches Fazit dessen, was mir gerade an diesem Ort wichtig geworden ist.

Als kleines Extra habe ich jede Gemeinschaft gebeten, mir ein Kochrezept von einem Gericht zu schicken, das sie gerne essen. Denn eines wurde bei meinen Besuchen deutlich: Das gemeinsame Essen spielt eine wichtige Rolle. Die Bandbreite der kulinarischen Vorlieben ist groß, und auch darin spiegelt sich, wie unterschiedlich die Benediktsregel gelebt wird.

Am Ende greife ich noch einmal meine Fragen auf und ziehe eine Schlussbilanz. Ein Glossar im Anhang soll denen helfen, die in der klösterlichen Terminologie weniger bewandert sind. Zudem finden sich dort die Daten zu den Personen, mit denen ich gesprochen habe. Diese folgen nicht einem strengen Schema, sondern sind überwiegend von den Menschen selbst formuliert worden.

Dieses Buch enthält kein ausführliches Methodenkapitel, es entspricht auch nicht strengen sozialwissenschaftlichen Kriterien. Es soll eher Impulse geben, solche und ähnliche Modelle an anderen Orten zu beleben. Dennoch erfordert es mein Selbstverständnis, kurz Rechenschaft darüber zu geben, wie ich methodisch forschend an dieses Projekt herangegangen bin.

Grundsätzlich habe ich nicht den Anspruch, *quantitative* Daten über das Leben in kleinen Gemeinschaften generell zu erheben. Mein Vorgehen ist in der Tradition der *qualitativen* Sozialforschung angesiedelt: Mit jeder Gruppe (und/oder der Person, die der Gemeinschaft aktuell vorsteht) habe ich ein ca. einstündiges offenes Interview mit teilstandardisiertem Frageleitfaden geführt, das ich transkribiert und nach Schwerpunkten, die sich mir persönlich gezeigt haben, ausgewertet habe. Soweit möglich, habe ich ein bis zwei Tage im Rhythmus der Gemeinschaft mitgelebt.

Bei der Auswahl der Gemeinschaften habe ich mich auf solche mit einer Gruppengröße von möglichst nicht mehr als fünf Personen beschränkt. In der Psychologie der Gruppe wird davon ausgegangen, dass das die adäquate Größe einer Kleingruppe ist. Sobald es sechs oder mehr Personen sind, gelten andere Gesetze, vor allem braucht es dann mehr verbindliche Strukturen. Interessanterweise gab der Abt von Camaldoli den Gründungsbrüdern seiner Cella (St. Romuald) die Devise mit: »Nicht mehr als vier!«

Der Hauptvorteil, den ich als Insiderin habe: Ich kann gezielt Fragen auf der Basis gelebten benediktinischen Lebens stellen. Wir sprechen die gleiche spirituelle Sprache. Ich verstehe Anspielungen und Subtexte eher, als mir das etwa bei Jesuiten oder anderen Ordensgemeinschaften gelingen würde. Mir ist klar, dass ich als Benediktinerin und als eine, zu deren Gemeinschaft ebenfalls eine Cella gehört, nicht neutral bin, sondern im besten Sinn parteilich. Damit stehe ich in der Tradition der Kritischen Theorie und vor allem der Sozialwissenschaftlichen Frauenforschung, die in den 1970er-Jahren das Konzept der Parteilichkeit entwickelt hat. Wichtig ist mir dabei, Bewertungen nicht unterschwellig einfließen zu lassen, sondern sie explizit und damit diskursfähig zu machen. Daher werde ich erst am Ende jedes Interviews einige persönliche Einschätzungen geben.

Nicht verhehlen möchte ich bereits hier, dass meine Sympathie den kleinen Gemeinschaften gilt – jeder konkret und dem Modell als solchem. Das mag auch damit zusammenhängen, dass ich es mit zunehmendem Alter als entlastend empfinde, wenn nicht so viel in Großgruppen über Strukturen und Veränderungen des Alltagslebens diskutiert werden muss. Aus meinem Berufsleben an der Katholischen Stiftungshochschule München kenne ich neben nicht enden wollenden Strukturdebatten auch dies: Jemand hat eine Idee, und ihm/ihr wird mit viel Vertrauensvorschuss gesagt: »Mach's!« Dadurch sind äußerst wichtige Entwicklungen angestoßen worden.

Unvermeidlich haben wir – die Brüder und Schwestern, mit denen ich gesprochen habe, und ich – unter Umständen gemeinsam blinde Flecke in der Wahrnehmung der Realität. Ich habe mich bemüht, dies zu minimieren, indem ich Menschen aus anderen Bereichen meine Texte zu lesen gegeben habe.

Einige Vorbemerkungen

Neue Geistliche Gemeinschaften sind derzeit stark im Fokus, was Machtmissbrauch in Form geistlichen Missbrauchs wie auch sexualisierter Gewalt betrifft. Das ist aktuell in den Gemeinschaften, um die es mir geht, soweit ich das sehen kann, kein Thema. Die Strukturen der kleinen Gruppierungen sind nach außen offen und überschaubar, die Hierarchie ist eher flach, es gibt keine charismatischen Führungspersönlichkeiten und vor allem: Die Mitglieder selbst sind stark und selbstbewusst. Dennoch ist Wachsamkeit geboten, wenn Gemeinschaften beginnen sollten, sich nach außen zu verschließen. Wo Jugendarbeit in größerem Umfang angeboten wird, wurde ein Präventionskonzept erstellt.

In den Interviews habe ich meine Fragen und Anmerkungen, soweit ich sie im Text belassen habe, mit einem grauen Balken gekennzeichnet. Außerdem habe ich einige Überschriften eingefügt, um die Lesbarkeit zu erleichtern. Im Interview habe ich die Namen der Beteiligten oft mit einem Buchstaben abgekürzt. Diese können im Personenverzeichnis am Ende des Buchs nachgelesen werden.

Alle, mit denen ich gesprochen habe, mit Ausnahme der Bewohner:innen des Stadtklosters Zürich, sind Mitglieder des Benediktiner:innenordens, ich habe daher das Kürzel OSB generell weggelassen.

Die Gespräche fanden im Frühjahr bis Sommer 2023 statt. Soweit möglich, habe ich aktuelle Veränderungen nachträglich mit aufgenommen.

Ich danke allen, die sich bereiterklärt haben, mit mir zu sprechen, die ihre Hoffnungen, Fragen und Sorgen mit mir geteilt haben, die mir Unterkunft gegeben und mit denen ich einige Tage, manchmal auf engstem Raum, ihr Leben geteilt habe. Manches kam zur Sprache, für das hier kein Raum sein konnte. Ich hoffe, dass ich durch die Ermutigungen, die in diesem Buch stecken, ihnen allen etwas zurückgeben kann.

»Die Zukunft liegt bei den kleinen Gemeinschaften«

KATHARINENKLOSTER, ANGERMUND/DÜSSELDORF

Die Gemeinschaft in Angermund wurde im September 2022 von den Schwestern vom Heiligsten Sakrament in Köln-Raderberg gegründet. Das Katharinenkloster ist die jüngste der Gemeinschaften, die ich besucht habe. Im August 2022 berichtete Sr. Emmanuela Kohlhaas auf der Tagung der »Vereinigung der Benediktinischen Oberinnen im deutschsprachigen Raum (VBD)« davon, dass es nun in wenigen Wochen mit der geplanten Neugründung der Schwestern aus Köln-Raderberg losgehe. Im September 2022 begann sie mit vier weiteren Schwestern in dem von den Dominikanerinnen aufgegebenen Kloster der heiligen Katharina von Siena in Düsseldorf-Angermund ein Leben nach der Regel des heiligen Benedikt. Aufbrüche und Neuanfänge dieser Art sind selten geworden und haben eine große Attraktivität bis hinein in die Medien. Und auch ich wollte die Gemeinschaft möglichst bald kennenlernen.

So fuhr ich im April 2023 nach Düsseldorf. Am Bahnhof wurde ich von Sr. Tabita in einem kleinen roten Auto abgeholt und konnte unterwegs schon ihre große Lebendigkeit und die Freude, Teil der Gründungstruppe zu sein, unmittelbar spüren. Angekommen, beeindruckte (und verwirrte) mich das unerwartet große Backsteingebäude, angelegt im Fünfeck, das, wie ich später bei einer der Hausführungen sah, mehr Stockwerke hat, als vermutet, da es auf mehreren Ebenen gebaut wurde.

Gerade mal sieben Monate lebten die Schwestern zum Zeitpunkt meines Besuchs dort und dennoch war bereits eine klare Alltagsstruktur und eine gewisse Ruhe eingekehrt, was die wesentlichen Säulen des Lebens betrifft: Gebet und Arbeit sowie Gästebetrieb. Daher war nicht nur eine Frau zu Exerzitien im Haus, sondern auch ein Mitbruder aus Israel auf Zwischenstopp von einem Heimaturlaub. Geplant sind ca. vierzig Gästezimmer, einige konnte ich bereits bewundern. Auch ich bekam ein fertig eingerichtetes Zimmer mit Blick ins Grüne. An vielen Stellen haben die Schwestern eigenhändig den Boden herausgerissen, Wände gestrichen und Reparaturen vorgenommen und werden so ganz nebenbei schrittweise zu kundigen Handwerkerinnen.

Die Gemeinschaft in Angermund ist keine Cella, sondern ein Monasterium – ein Kloster, das zwar momentan klein, aber auf Wachstum angelegt ist. Allerdings sagt Sr. Emmanuela, dass sie eine Begrenzung auf eine bestimmte Größe für sinnvoll hält. Derzeit sind sie zu sechst.

Außer Sr. Benedikta, der Seniorin, sind alle Schwestern zwischen fünfzig und sechzig Jahre alt. Für einen Neustart dieser Art braucht es Klostererfahrung und Lebensreife. Neben den Schwestern lebt ein Priester im Haus. Jan Opiéla ist kein Ordensmann, sie nennen ihn aber *Bruder* Jan. Er ist pensioniert und würde, wenn nicht hier, dann irgendwo allein ohne Anbindung leben müssen. Ein Glücksfall, denn er und die Schwestern kennen sich schon von Köln. Es ist eine Win-Win-Situation für alle – nicht nur, weil Bruder Jan sehr gut kochen kann.

Ideen für die Nutzung der zahlreichen Räume und des großen Gartengeländes gibt es derzeit viele, etwa in den Garagen einen Laden und ein Café einzurichten, ein Stockwerk an Studierende zu vermieten usw. Außerdem wurde Anfang September 2023 eine Praxis für Sr. Clara, die eine Ausbildung als Heilpraktikerin für Psychotherapie hat, eröffnet. Sr. Emmanuela wird mit ihrer Coaching-Qualifikation demnächst auch einsteigen. Das alles ist auch unter finanziellem Aspekt wichtig. Es wird sich im Prozess des gemeinsamen Suchens zeigen, was sich davon umsetzen lässt.

Die Dynamik des Anfangs

Gespräch mit der Oberin Sr. Emmanuela Kohlhaas

Ich finde euch sehr spannend und habe schon viele Eindrücke bekommen. Am meisten fällt mir die Dynamik auf, die euch alle auszeichnet.

Es ist wirklich spannend. Es macht auch total Spaß. Und es ist ein Irrtum zu meinen, das sei nur bei einer oder zweien so, es betrifft die ganze Gruppe. Bis jetzt hat diese Gruppe auch nicht einmal gewackelt, was die Grundentscheidung für Angermund betrifft. Es sind nun gut siebeneinhalb Monate, dass wir hier sind. Der »Zauber des Anfangs« vitalisiert natürlich auch sehr.

Wir arbeiten aber nicht nur. Wir haben auch schon eine Woche Exerzitien gemacht, das war wirklich gut. Wir sind ganz heruntergefahren. Jetzt machen wir gemeinsam vierzehn Tage Ferien hier vor Ort. Wir müssen das Haus auch in dieser Zeit irgendwie hüten. Wir werden in diesen Tagen hier ideorhythmisch unterwegs sein, sprich, außer der Messe am Sonntag und ab und an morgens früh – das wird nicht jeden Tag sein –

ist jede frei und versorgt sich selbst. Für Sr. Benedikta versuche ich gerade noch etwas zu finden, wo sie sich wohlfühlt.

Aber auch das ist toll: Sr. Benedikta ist hier irgendwie fünfzehn Jahre jünger geworden. Sie hat sich im letzten Jahr extra noch ein neues Knie verpassen lassen.

Und wenn sie pflegebedürftig wird?

Das bekommen wir hin. Wir behalten sie auf jeden Fall hier. Sie hat ein großes Zimmer, und eventuell hilft ein Pflegedienst. Sie war übrigens die Erste, die sich gemeldet und gesagt hat, dass sie mitkommen möchte. Alle, die jetzt hier sind, haben sich aktiv gemeldet. Es war nicht nötig, überhaupt nur die Frage zu stellen, wer will mit – so weit ist es gar nicht gekommen. Es geht nur freiwillig. Wir machen bisher auch alles selbst.

Angestellte habt ihr keine?

Nein, vorläufig nicht, und unsere Vorgängerinnen hier im Haus hatten ebenfalls keine. Wir machen das tatsächlich urbenediktinisch, wie es in der Regel steht: Alle haben Küchendienst, außer Sr. Benedikta. Wir haben einen Plan für den Vormittag und den Nachmittag und das Wochenende. Das klappt super, weil die Zufriedenheit sehr groß ist. Es ist ja ein typisches Klosterproblem, wenn über das Essen gemault wird. So kann jede etwas einbringen. Was gekocht wird, ist sehr unterschiedlich, und jede hat ihre Spezialitäten. Natürlich wird sich das auf Dauer ändern, wenn mehr Menschen im Haus sind und die Arbeiten differenzierter werden. Aber an dem Punkt sind wir noch nicht.

Ich fand das heute zum Beispiel genial: Da sind Brötchen von einer Veranstaltung übrig, und dann isst man mittags und abends auch noch einmal davon. Das ist in größeren Gemeinschaften nicht denkbar.

Diese Lockerheit spüre ich in Bezug auf vieles. Zum Beispiel, wenn du nach dem Mittagessen spontan erzählst, was der Mensch gesagt hat, der sich die Heizung angeschaut hat. Da muss man nicht extra einen Konvent oder ein Kapitel einberufen, um etwas zu klären.

Abgleichen und Verändern

Ein anderes Beispiel: Diese Mini-Entscheidung heute morgen, das ***Regina Coeli*** nicht zu beten. Wir haben es in Köln immer ab der zweiten Osterwoche auf deutsch rezitiert. Heute Morgen, als ich das Gotteslob zückte, weil ich die Oration nicht auswendig kann, dachte ich: Muss das sein? Diese Mini-Querschaltung, einfach kurz in den Raum hinein gefragt: »Sollen wir nicht singen? Ist doch schöner!« Nicken. Genau das ist es, was für uns alle eine tolle Erfahrung ist.

Das geht natürlich nur in einer kleinen Gemeinschaft.

Ja. Ich glaube, mit über zehn wäre es schwierig. Und es geht nur in einer Gemeinschaft, die sehr stark mit einem gemeinsamen Ziel unterwegs ist. Das Ziel lautet hier ganz schlicht: ***monastisches Leben***. Wir haben gemerkt, dass wir, ohne nachzudenken, irgendwie unser Modell mitgebracht haben. Jetzt sind wir pausenlos dabei, abzugleichen und zu verändern und abzugleichen und zu verändern ...

Die ***Statio*** (die Schwestern versammeln sich vor Beginn der Gebetszeiten stehend und schweigend im Gang vor der Kapelle bzw. Kirche, um dann feierlich einzuziehen) zum Beispiel macht keinen Sinn – danach brauchen wir hier gar nicht zu fragen.

Unsere Kukullen hängen auch noch weitgehend ungenutzt im Schrank. Wir haben sie im Winter mal bei Minustemperaturen herausgenommen.

Auch da stand am Anfang dieses Austarieren, die Frage: Welcher Raum ist es denn jetzt, in dem wir beten wollen? Wir haben schnell gemerkt, wir können uns total mit dieser Kirche identifizieren, trotz ihrer so anderen Sitzordnung, also im Kreis statt nach vorne zum Altar orientiert und ohne Chorgestühl. Die Kirche ist ein ausgesprochener Glücksfall! Der Kapitelsaal mit seinem Chorgestühl aus unserem ehemaligen Bonner Kloster, das uns die Schwestern aus Eibingen, wo es nach der Auflösung von Bonn gelandet war, zurückgegeben haben, ist auch schön, den nehmen wir im Bedarfsfall. Gut, dass wir ihn haben, wenn es kalt ist oder wenn wir vielleicht eine Gruppe im Haus haben oder Dinge parallel laufen.

Es hätte zum Beispiel sein können, dass der Beerdigungsgottesdienst heute parallel zur *Mittagshore* liegt. Dann können wir die *Mittagshore* entweder jeder für sich oder nebenan oder später oder gar nicht beten. Es geht darum, gemeinsam zu entscheiden: Ja, das ist jetzt dran. Nicht nach Lust und Laune, sondern es passiert eher automatisch, aus dem Bedürfnis heraus, dass es laufen soll.

Wir sind vor unserem Aufbruch gefragt worden, ob wir jetzt erstmal ein Jahr oder zwei Jahre renovieren, bevor wir einziehen. Nein. Wir haben sofort losgelegt. Wirklich sofort. Der erste Gast kam drei Tage nach unserer Ankunft ins Haus, ein Benediktiner aus Ettal, der hier zu Hause ist. Seine Familie wohnt in Duisburg. Er kannte das Haus von Jugend an, hatte Spaß daran und war inzwischen schon ein zweites Mal da.

Ein anderes Beispiel: Die *Vigilien* beten wir nur am Samstag und vor Feiertagen. Wir praktizieren schon lange eine Kombi, die wir in Köln erfunden haben: ***Komplet*** und ***Vigilien***, unser Nachtgebet. Da gibt es einen kleinen Fahrplan, der folgendermaßen aussieht: Wir greifen das Evangelium der Messe noch einmal auf, es sind zweimal fünf Minuten Stille dazwischen, wir beten dann auch nur eine ***Nocturn***. Das war eine heiße Diskussion, als wir das einführen wollten. Wir haben damals gemerkt: Es gibt nur noch ganz wenige Gemeinschaften, die zwei ***Nocturnen*** beten. Wir haben es am Ende mehrheitlich so beschlossen, mit dem Preis, dass eine Gruppe die fehlende ***Nocturn*** noch separat gebetet hat. Ich weiß nicht, ob sie es jetzt noch tun in Köln. Wenn wir hier abends lange in der Rekreation sitzen – wir haben immer viel zu bereden und zu erzählen –, haben wir aber auch die Courage, nur die ***Komplet*** zu beten.

Wir hatten bei der Umstellung von Latein auf Deutsch eine Schwester, die alles nochmal extra auf Latein privat gebetet hat.

Das darf man dann auch gelassen nehmen. Ich habe mir dazu schon einmal in Köln erlaubt zu zitieren: »Du aber, wenn du betest, geh in deine Kammer, schließ die Tür zu; dann bete zu deinem Vater, der im Verborgenen ist! Dein Vater, der auch das Verborgene sieht, wird es dir vergelten« (Mt 6,6). Dann habe ich entschieden: »Aber nicht in der Kirche.« Niemand sollte öffentlich unter Druck gesetzt werden. Eine Schwester hat sich den Kapitelsaal ausgesucht und hatte noch ein oder zwei Mitstreiterinnen. Die Praxis stirbt aber aus, so etwas überwächst sich, das ist auch normal in einer Gemeinschaft.

Wir machen diese Kombi in einem als Nachtgebet, weil wir das Bedürfnis hatten, dass die Komplet das letzte Tagesgebet sein sollte. Ich kenne viele Gemeinschaften, die mit der Zeit für die Vigilien experimentiert haben: morgens, abends, vor oder nach der Komplet. Oft bleibt dennoch das Gefühl: Das ist unbefriedigend. Deshalb haben wir 2016 in Köln unser Nachtgebet »erfunden«, es hat sich seitdem bewährt. Wir haben es mit hierher genommen.

Wir haben das Glück, dass fitte, erfahrene Sängerinnen mitgekommen sind. Wir müssen bisher gar nicht groß üben, nur, wenn wir etwas Neues lernen. Wir singen das Chorgebet immer auf Deutsch, auch an Hochfesten. Das haben wir umgestellt und gemerkt, das ist gut so. Lateinische Antiphonale haben wir erst gar nicht angeschafft, wenn nötig, verteilen wir Zettel mit einigen Gesängen wie dem ***Rorate Coeli***, den ***O-Antiphonen*** (vor Weihnachten) usw. Wir haben aber zehn ***Graduale*** (lateinisches Choralbuch) angeschafft und singen die Messe ab und zu an Werktagen daraus. Das ist dann auch schön, für uns und unsere Gäste.

Ein spiritueller Ort

Eucharistiefeier habt ihr jeden Tag, weil Bruder Jan im Haus ist?

Ja, jeden Tag, und nicht nur wegen ihm. Wir haben tatsächlich eher einen Überhang an Zelebranten.

Das ist anders als bei uns!

Das ist interessant, dass es in der Großstadt so mühsam geworden ist, Zelebranten zu finden. Wir haben da großes Glück, und das ist für uns das zentrale Phänomen: das starke Echo des Umfeldes auf diesen Ort als spirituellen Ort. Die Schwester, die gerade zu Exerzitien da ist, sagt dasselbe: dieses Spüren des Ortes. Ein Gast, der nach Weihnachten zehn Tage hier war, sagte, das sei hier etwas wie ein spiritueller Quellort.

Das wäre eine meiner Fragen gewesen: Ein spirituelles Zentrum oder ein spiritueller Ort – das seid ihr einfach?

Das ist es, einfach so, zunächst ohne unser Zutun. Und das haben wir in einem höheren Maß »geerbt«, als wir geahnt hatten. Wir wollen es pflegen. Wir haben zudem schon längst begonnen, es zu unserem Ort zu machen. Das spiegeln die Menschen uns auch.

Und diese Unmittelbarkeit des Kontaktes! Stell dir vor, heute Morgen bei der Trauerfeier waren es knapp fünfzig in unserer kleinen Klosterkirche, gestern in der Sonntagsmesse doppelt so viele. Die erzählen es weiter, und es werden immer mehr. Als wir angefangen haben, waren es erst einmal so um die dreißig, die noch geblieben oder neugierig waren. Anfang Januar haben wir die Messe von 9:15 Uhr auf 10 Uhr verschoben, das bedeutete einen Sprung in den Besucherzahlen. Dann kam der nächste Sprung, als wir merkten, wir haben nicht mehr genug Gotteslobe (Gesangbücher). Also habe ich über das Domradio eine Meldung gemacht, die über Social Media verbreitet wurde. Es kamen sechzig Exemplare von der Katholischen Hochschulgemeinde in Wuppertal, und das Domradio hat ein Video dazu gedreht. An dem Sonntag danach waren erstmals mehr als einhundert Menschen in der Messe. Gestern auch. Manchmal müssen wir Stühle dazustellen und schauen, wo ist noch Platz. Ich liebe solche »Probleme«! Wir merken, es wächst, und zum Teil verjüngt es sich auch.

Wir haben am Samstag um 11:30 Uhr Messe. Die haben wir eingeführt, weil wir überlegt haben: Wenn Freitagabend Messe ist, ist ein weiterer Gottesdienst am Samstagmorgen zu nah beieinander, und am Samstagabend ist es schon eine Vorabendmesse. Wir haben uns gesagt: »Jetzt machen wir mal ganz leise ein Experiment mit einer Mittagsmesse.« Silvester fiel auf einen Samstag, da hatte ich Küchendienst. Ich komme also kurz vor halb zwölf in die erstaunlich volle Kirche und denke mir: »Wow, was ist denn hier los?« Und es kommen immer noch weitere neue Menschen.

Wo macht ihr eure Gottesdienste bekannt?

Eigentlich gar nicht. Wir haben draußen einen Aushang und eine rudimentäre Website mit nicht mehr als einer Seite im Netz. Das macht derzeit noch eine Schwester aus Köln, da sollte bald etwas Grundlegendes passieren. Das müssen wir übernehmen.

Was wir aber absolut nicht mehr brauchen, ist noch mehr Publicity. Es haben erstaunlich viele Medien angefragt, und wir haben vielen abgesagt.

Eine Neugründung ist natürlich eine Sensation heutzutage.

Das war uns in dem Maß nicht klar. Wir haben es so ein bisschen mitgekriegt bei der Gründung der Monastischen Gemeinschaften von Jerusalem 2009 in Köln und haben damals gedacht: Was soll das?

Der Blog im Domradio war schon früh klar[1], und es gefällt uns, da das unseren Alltag nicht stört. Es gab sogar noch einen

1 Sr. Emmanuela verfasst seit der Ankunft in Angermund regelmäßig einen Wochenbericht an die Gemeinschaft in Köln, den sie außerdem nutzt, um die Öffentlichkeit am Aufbau der neuen Gemeinschaft teilhaben zu lassen. Veröffentlicht wird das (B) Logbuch beim Start-up-Kloster Domradio Köln.

Spiegel-Artikel. Eine Redakteurin hat zweimal mehrere Tage mit uns gelebt. Sie war sehr interessiert und offen. Ein Team vom ARD-Morgenmagazin war ebenfalls hier. Da gibt es ein Video davon, die beiden Teammitglieder waren klasse.

Das könntet ihr doch auf eure Website setzen und die Videos verlinken.

Dass da noch nicht viel passiert ist, liegt eben daran, dass es noch keine von uns macht. In Köln befindet sich die Technik dazu und das wird gerade umgestellt. Wir wollten ursprünglich bei einer gemeinsamen Homepage bleiben. Dabei spielte auch das Modell eine Rolle, das haben wir von euch abgeschaut: eine Gemeinschaft an zwei Orten.

Der Bezug zum Mutterkloster

Das stimmt jedoch schon jetzt nicht mehr. Das sagte uns auch Abtpräses Jeremias von St. Ottilien, den haben wir zur Vorbereitung der Gründung zweimal bei uns gehabt. Manchmal entwickeln sich die Gemeinschaften sehr schnell in verschiedene Richtungen. Das ist gar nichts Schlimmes und nichts Böses. Das entspricht zudem der von Rom gewünschten Perspektive, dass wir auf jeden Fall ein unabhängiges Monasterium werden sollen.

Ist Köln für euch noch so etwas wie ein Mutterkloster?

Im Erleben ist das schon jetzt nicht mehr so. Du sagtest ja, als wir in der Zeit unserer Vorüberlegungen telefoniert hatten, auch von eurer Neugründung: »Die sind sehr selbstständig in Prag«, selbst in dieser kleinen Gruppe. Und dann ist wahrscheinlich eine Gruppe von fünf, mit Jan sind wir sechs, »Nummer Sieben« ist im Kommen, mindestens so selbstständig.

Bei irgendwelchen größeren Entscheidungen müsst ihr nicht im Mutterkloster fragen?

Natürlich fragen wir bei so großen Projekten wie dem Kostenvoranschlag für eine neue Heizung. Wir haben eine Summe bestimmt, ab der wir auf jeden Fall nachfragen, und wir schicken jeden Monat eine Abrechnung.

Ihr müsst aber eigentlich finanziell selbstständig sein oder werden.

Werden – wobei wir tatsächlich schon letzten Monat erstmals schwarze Zahlen geschrieben haben.

Mit dem Gästehaus, wenn das läuft, habe ich da keine Sorge!

Ja, und dann zeigen sich im Moment weitere Perspektiven. Eine hast du heute Morgen erlebt, die Trauerfeier. Wir haben so zwei, drei Möglichkeiten, die wir gerade ausprobieren: Was macht für unsere Kräfte Sinn? Was macht vor allem auch für das spirituelle Leben Sinn?

Es ist schön und erfüllend, jeden Sonntag viele Menschen hier zu haben. Da geht es um den Gottesdienst und um das Zentrale in unserem Leben. Und danach kommt die Begegnung bei einer Tasse Kaffee. Aber das heißt, wir sind auch alle jeden Sonntagmorgen dabei, mischen uns unter das Volk. Das geht hier viel organischer als in Köln. Wir hatten dort auch damit begonnen und die Messe verlegt. Corona hat das etwas ausgebremst. Aber während in Köln vielleicht drei, maximal fünf von dreißig Schwestern kamen, sind es hier immer alle. Außerdem ist es eine Kirche, in der man miteinander feiern kann, nicht so eine »Bühnensituation« wie in vielen anderen Kirchen. Für solche Zwecke ist eine neugotische Anlage schwierig.

Du hast auch Glück mit den Schwestern, dass alle kommunikativ sind und das gerne machen, es gibt wohl keine, die sagt: Das kann ich nicht, will ich nicht.

Das hat sich zum Teil auch erst hier entwickelt.

Flexible Zeiten

Im Moment denken wir alle: Gott sei Dank haben wir in vierzehn Tagen Ferien! Wir müssen schon aufpassen, dass wir uns nicht erschöpfen. Vor allem, weil wir ein paar ausgesprochene Nachteulen unter uns haben, und wenn man dann seine Grenze nicht kennt ... Für uns war es ein wichtiger Schlüssel, die ***Laudes*** eine Stunde nach hinten zu verlegen, also auf 7 Uhr. Ich war erst skeptisch mit der Abendmesse um 18 Uhr, aber das läuft gut – vor allem, weil wir uns entschieden haben: erst die ***Vesper***, dann eine halbe Stunde Betrachtung, dann die Messe. Das hat das Ganze entschleunigt. Unsere Vorgängerinnen hatten werktags immer ein ***Vesper***amt. Das mögen wir nicht. Das ist ein Schlauch und letzten Endes unbefriedigend. Da findet dann keine richtige ***Vesper*** statt.

Zur Messe unter der Woche, kommen da auch Leute aus der Umgebung?

Das ist sehr unterschiedlich und jeden Tag eine Überraschung. Selten sind wir unter uns, minimal kommen so zwei bis fünf andere. Es gibt aber auch Tage, da sitzen auf einmal ein gutes Dutzend Menschen da, und wenn dann noch ein paar Gäste im Haus sind, haben wir manchmal deutlich mehr. An einem Feiertag, der nicht arbeitsfrei ist, ist für die Leute, die berufstätig sind, 18 Uhr meist zu früh. Es sind eher einige Ältere, die regelmäßig kommen. Wir sind also meistens eine

Feiergemeinde zwischen zwölf und achtzehn Personen. An besonderen Tagen, zum Beispiel am letzten Samstag, als eine Gruppe aus dem Umfeld von Jan da war, sind es dann auf einmal über dreißig.

Leitung und Hierarchie

Welche Bedeutung hat Leitung hier?

Das ist im Moment noch richtig spannend, weil es offiziell noch keine Oberin gibt (Anmerkung: Sr. Emmanuela wurde danach, am 21. Juni 2023, also nach neuneinhalb Monaten, ernannt). So, wie wir nach Angermund gekommen sind, sind wir aber ein eingespieltes Team.

Du bist von der Wahrnehmung der anderen her schon immer die Leitung gewesen.

Ja, ganz klar, und Sr. Rafael war meine Subpriorin, zwölf Jahre lang. Sr. Josefine ist die Gastschwester und die zweite Frau im Noviziat. Damit ist es sehr klar im Erleben der Schwestern, dass die Rollen nicht neu definiert werden müssen. Eben weil noch keine benannt worden ist, läuft der Zug automatisch auf dem vertrauten Gleis weiter. Aber es ist uns wichtig, dass wir dabei reflektieren: Was davon wollen wir eigentlich beibehalten? Das haben wir gemacht und wiederholt darüber gesprochen. Es hat dahin geführt, dass die Hierarchie bei uns sehr viel flacher ist als in Köln. Das zeigt sich zum Beispiel darin, dass der Segen am Ende der Rekreation reihum erteilt wird und dass wir auch den Part des Oberen im Stundengebet aufteilen.

Das merkte ich zum Beispiel bei diesen Überlegungen rund um die neue Heizung, man kann das einfach besprechen und muss keine große Abstimmung in Gang setzen.

Genau. Wir haben noch kein offizielles Kapitel. Für die Leitung gibt es einen Vorschlag von jeder Schwester an Sr. Veronica, die Priorin in Köln. Nächste Woche kommt sie, noch vor den Ferien. Dann werden wir sehen. Wir haben um dieses Gespräch gebeten. Jetzt wollen wir uns zunächst in Ruhe miteinander hinsetzen. Es wird darauf hinauslaufen, dass wir einiges erarbeiten müssen: Was steht genau in der Verlautbarung »Cor Orans«[2]? Das Allermeiste ist sehr sinnvoll, ein paar Dinge sind uns aber echte Fragen. Da werden wir wohl auch einen Kirchenrechtler brauchen, um den Text richtig zu verstehen. Es gab im Vorfeld schon die Frage: Müssen die Papiere jetzt nach Rom geschickt werden oder erst später? Denn im Kirchenrecht steht, die Errichtung eines Nonnenklosters dieser Art ist Sache des Heiligen Stuhls. Das habe ich bisher auf die Unabhängigkeit hin verstanden, also die Errichtung eines ***Monasteriums sui iuris***[3] – schon weil wir mit Arua[4] auf dem Weg dorthin sind.

Andere meinten, nein, laut dem Dokument »Cor Orans« bedeutet das: jetzt schon. Inzwischen habe ich es, glaube ich, verstanden: Es gibt weltweit so viele unklare und »wilde« Gründungen, dass man das in Rom frühzeitig überprüfen will. Daher ist unsere Gründung wohl auch so glatt durchgegangen, denn sie haben von uns einen »Bilderbuch-Kapitelsbeschluss« mit einem

2 »Cor Orans«: Vatikanisches Dokument zu monastischen Gemeinschaften Päpstlichen Rechts, 1.4.2018, Verlautbarungen des Apostolischen Stuhls Nr. 214.

3 Die Bezeichnung »Monasterium sui iuris« umschreibt lt. »Cor Orans« die Niederlassung einer monastischen Gemeinschaft von Frauen, die mit den Voraussetzungen für eine wirkliche Autonomie des Lebens vom Heiligen Stuhl rechtmäßig errichtet worden ist und rechtliche Autonomie gemäß dem Kirchenrecht genießt.

4 Seit August 2020 ist das Holy Trinity Monastery in Arua/Uganda auf eigenen Wunsch an das Kloster in Köln affiliiert, um so ein benediktinsches Monasterium und Teil der Konföderation zu werden.

einstimmigen Votum für die Neugründung bekommen und natürlich auch die erzbischöfliche Erlaubnis. Außerdem haben wir bereits ein richtiges Monasterium, auch eine ausreichende Zahl von Schwestern. So haben sie uns dann einfach zeitnah das *Indult*, die Genehmigung, geschickt.

Sich von der Dynamik des Anfangs tragen lassen

Unglaublich! Diesen Beginn müsst ihr noch groß feiern!

Das werden wir auch tun, voraussichtlich am 7. Oktober, weil am 7. Oktober 1969 die erste feierliche Errichtung als Kloster stattfand. Wir haben vor dem Start gesagt: Wir brauchen ein Jahr, vielleicht auch zwei, um die Basis hier aufzubauen. Wir haben uns auf das Abenteuer eingelassen, uns mit unseren Vorgängerinnen – die drei Dominikanerinnen, die hier noch gelebt haben – ganz konkret »die Klinke in die Hand gegeben«. Das war nämlich auch eine Gründungsmannschaft. Sie waren hier alt geworden und haben gesagt: Wir wollen, dass es weitergeht, wir sind sehr stolz darauf, aber es darf niemand einziehen, solange wir hier sind. Jetzt kann man aber so ein Haus nicht einfach mal sechs Wochen leer in der Landschaft stehen lassen. So sind die Dominikanerinnen am 7. September abends ausgezogen und wir sind am 8. September morgens gekommen. Nach dem Motto: Nehmt mit, was ihr braucht und wollt, und lasst alles andere einfach für uns stehen.

Wir fanden also eine halb eingerichtete Küche, in der wir uns überhaupt nicht auskannten, mussten erstmal schauen, was da ist und was nicht. Und wir hatten eine Menge Kisten mitgebracht, mussten unsere Sachen darin ebenfalls suchen. Bis zum Abend hatten wir alle immerhin ein Bett und eine Zahnbürste. Wir haben danach zunächst einige Wochen lang Spinnweben in den vielen, lange unbewohnten Räumen gesaugt. Man sagte uns, das sei ein gutes Zeichen, denn die gehen nur in ein trockenes Haus.

Am 15. August 2022 war die Abschiedsfeier der Dominikanerinnen. Es ist schon großartig, was sie in ihrem Leben geleistet haben. Sie leben jetzt in Ratingen, ca. zehn Kilometer von hier. Da haben sie sich in ein neugebautes Altenheim eingekauft, mit eigener Hauskapelle und allem, was eine solche Gemeinschaft braucht.

Anfangs kamen sie immer noch mal wieder, denn da wurde noch dies und jenes gebraucht, was hier stand. Irgendwann merkten wir immer deutlicher: Jetzt sind sie zufrieden und stolz darauf, Nachfolgerinnen gefunden zu haben. Nächste Woche haben wir sie zum Kaffeetrinken eingeladen.

Ich wünsche euch, dass ihr diese Dynamik behaltet. Natürlich wird die nicht immer so sein wie jetzt am Anfang, aber ich wünsche euch, dass es so ist, wie es in der Regel steht: dass wir immer Anfänger sind!

Ja. Und das denkt man sich ja auch nicht vom Kopf her. Ich weiß noch gut, ich war junge Professschwester, Ende der 1980er-, Anfang der 1990er-Jahre, da waren wir in Köln schon mal zahlenmäßig am Anschlag. Dann ist eine ganze Generation weggestorben und auch von unserer Generation sind etliche weggegangen. 1990 war ich bei unseren Schwestern in Osnabrück. Sr. Johanna hatte als junge Priorin auf der Versammlung der VDB (*Vereinigung der Benediktinerinnen im deutschsprachigen Raum*) gefragt: »Sollen wir irgendwo helfen?« Osnabrück hatte sich gemeldet, danach wurde ich für ein Jahr dorthin »ausgeliehen«. Es gab dort nach 28 Jahren erstmalig wieder Nachwuchs.

In der Zeit hat mich das Thema Neugründung sehr beschäftigt. Das war so eine Fantasie, ein Wunsch. Die Wirklichkeit sah dann anders aus. Ich habe damals eher an eine Etagenwohnung oder so etwas gedacht. Auch bei den Vorüberlegungen hier habe ich zunächst an völlig andere Umstände gedacht: irgendwie kleiner, weniger risikoreich, etwas, das sich mal eine Zeit lang einfach ausprobieren lässt. Das hier kam sehr unverhofft. Aber es ist gut so und es ist faszinierend, jetzt live mitzuerleben, was so eine Aufbruchssituation bedeutet.

Ein Monasterium braucht ein Haus

Gleichzeitig begreife ich: Unsere Form monastischen Lebens braucht ein Monasterium. Sie braucht ein ausreichend großes Gelände mit einer ausreichend großen Immobilie. Diese Erfahrung haben offenbar auch die Brüder aus Heiligenkreuz in Neuzelle gemacht. Die sind zwar in ein Haus an einer historischen Klosteranlage mit Kirche usw. eingezogen, aber all das gehört dem Staat und ist weitgehend Museum. Sie fangen jetzt an, ein neues Kloster zu bauen. Mir war allerdings schon die ganze Zeit klar, dass wir das nicht wollen. Ich habe immer gesagt: In unserer Zeit der leerstehenden Klöster bauen wir kein neues Kloster.

Das haben wir auch nicht nötig gehabt, aber unsere Suchbewegung war eine wichtige Lernerfahrung. Ich war unter anderem zum Gespräch bei Bischof Genn, wir hatten zwei Klöster im Bistum Münster. Diese Frage haben wir uns ebenfalls ganz bewusst gestellt: Ein zweites Kloster im selben Bistum – wollen wir das wirklich? Aber die richtig schönen Anlagen sind längst für andere Zwecke weitergegeben. Das Katharinenkloster ist ein Glücksfall. Hier haben Investoren das »Problem«, dass das Gelände kein Bauland ist und die Immobilie von der Aufteilung her so gebaut ist, dass sie für einen Investor nicht lukrativ ist. Das Katharinenkloster ist ein Kloster und nichts als ein Kloster. Das Gelände, das dazugehört und nun ebenfalls in unserem Besitz ist, ist knapp einen Hektar groß. Dann gibt es aus der Gründungszeit zur Nutzung für die Schwestern vom damaligen Grafen von Spee noch ca. 1,3 Hektar Wald.

Abt Malachias von Echt in den Niederlanden hatten wir für einen Besinnungstag eingeladen, ein sehr aufgeschlossener, lebendiger Trappist. Wir kamen auf das Thema »Erfahrung mit der Immobilie« zu sprechen. Ich sagte, ich habe es in Köln schon reflektiert, dass man, wenn man Menschen begegnen will, in diesem Gebäude in der neogotischen Klosteranlage permanent dabei ist, gegen die Immobilie zu agieren. Wir haben in Köln zum Beispiel eine kleine Kerzenkapelle quer in den Eingang des Hofes gestellt. Die Leute finden den Weg in die Kirche nicht. Deshalb haben wir dieses Kapellchen so arrangiert, dass man von der Bushaltestelle aus genau hineinschauen kann. Die Anregung, es so zu positionieren, kam von Thomas Frings. Die Kapelle wurde kurz vor Ausbruch der Coronapandemie fertig und war dann für viele Menschen ganz wichtig. Aber du musstest dafür eben bewusst gegen die Immobilie, gegen dreieinhalb Meter hohe Mauern agieren.

Das Katharinenkloster ist dagegen für eine andere Zeit gebaut. Abt Malachias meinte dazu – und das fand ich bemerkenswert: »Das Problem in der Kirche ist, dass das 19. Jahrhundert nicht nur in unseren vielen Immobilien präsent ist, sondern auch in unseren Köpfen.« Das trifft es.

Das ist hier anders, obwohl es ebenfalls nicht mehr ganz neu ist, sondern gut fünfzig Jahre alt. Aber es entspricht dem Geist des Zweiten Vatikanischen Konzils. Das zeigt sich schon in der Kirche: Der Altar ist der tiefste und nicht der höchste Punkt, und alle sitzen nahe dran und drumherum. Auch sonst lässt sich viel verändern. Die Bereiche im Haus sind von ihrer Nutzung her nicht festgelegt, man kann selbst bestimmen, wie man es aufteilen möchte. Wir sind gerade noch voll dabei, zu schauen und auszuprobieren, unseren Bereich und den Gästebereich zu definieren, ebenso wie das Zueinander dieser Bereiche, was hier herrlich unkompliziert geht. Als kleine Gemeinschaft klären wir das alles mit allen um den Tisch herum. Ich persönlich bin sowieso davon überzeugt: Die Zukunft liegt bei den kleinen Gemeinschaften.

Wechselbeziehungen mit der Ursprungsgemeinschaft

Wenn ihr hier etwas Neues anfangt, auch mit der Liturgie zum Beispiel, kannst du dir vorstellen, dass das auch Rückwirkungen auf die Gemeinschaft in Köln hat?

Das wird sich zeigen. Wir bemühen uns um einen guten, intensiven Kontakt und Austausch. Im September, kurz nach unserer Ankunft, habe ich spontan angefangen, jeden Abend zwei bis drei Fotos und zwei bis drei Sätze nach Köln per E-Mail an alle zu schicken. Weil wir als eine Gemeinschaft an zwei Orten begonnen haben. Ich habe das einfach aus diesem Gefühl heraus getan, wenn es eine Gemeinschaft an zwei Orten sein soll, dann braucht es das. Wir hier in Angermund haben den anderen Ort ja genau vor Augen. Aber die Schwestern aus Köln waren meist nur mal einen Tag über hier. Bis zu unserem Einzug durfte niemand von uns übernachten. Sr. Theresia lebte ein gutes Jahr lang in Angermund als Eremitin. Das wurde toleriert und war sehr viel wert, weil wir dadurch ganz anders mitbekommen haben, wie die Dinge sich entwickelten und wo die Sensibilitäten sind.

Die Kölner Gemeinschaft war immer sehr offen, flexibel und kommunikationsfreudig. Aber ich merke jetzt erst, und das ist das Interessante, dass man etwa die Hierarchie noch sehr viel flacher gestalten, dass man bestimmte Dinge weit hinter sich lassen kann. Ich hatte in Köln das außerordentliche Glück, eine wachsende Gemeinschaft zu erleben, die dadurch insgesamt eine junge Gemeinschaft ist. Fast zwei Drittel der Schwestern sind in den letzten zehn Jahren dazugekommen. Es gibt nur drei alte Schwestern, eine davon haben wir mitgenommen. Der Prozentsatz alter Schwestern ist daher hier größer als in Köln.

In Köln habe ich gemerkt – das hat mich sehr beschäftigt und das wissen wir aus dem Bereich von Coaching und Beratung: In dem Moment, in dem du die Schwelle zur Großgruppe überschreitest, gelten andere Dynamiken. Mit über dreißig Schwestern hat man dann sehr viele, oft auch zu viele Geschichten im Haus. In früheren Zeiten hielt jede ihre Geschichte »unter dem Deckel«, und der äußere Ablauf war viel mehr »automatisiert« als heute. Man hat nicht alles infrage gestellt. Heute hat jede Schwester ihre individuelle Geschichte, individuelle Themen, individuelle Kreise um sich herum, individuelle Meinungen. Und ich würde sagen, fünfzehn Schwestern wären mir hier auf Dauer schon zu viel.

Man muss natürlich schauen, wie sich die Altersstruktur entwickelt. Da gilt es, glaube ich, die Waage zwischen einer hohen Beweglichkeit und der dauerhaften Lebensfähigkeit einer Gemeinschaft zu finden und zu halten. Gibt es zum Beispiel eine größere Gruppe alter Schwestern, dürfen es punktuell auch mal fünfzehn sein oder wie im Karmel maximal 21? Da war die große Theresia von ihrem Gemeinschaftsverständnis her psychologisch sehr klug und erstaunlich modern.

Habt ihr es in Köln mal mit Dekanien, also Untergruppen mit zehn Schwestern, probiert?

Das geht in Köln nicht. Wir haben das im Prozess der Entscheidungsfindung durchgespielt. Wir haben dafür keine Logistik. Wenn es wirklich kleine, relativ selbstständige Untergruppen sein sollten, müsste das Haus doppelt so groß sein. Denn man bräuchte für jede Gruppe eigene Versammlungs- und Rückzugsräume und müsste die Gänge voneinander trennen. Wir hatten in dem Gesprächsprozess für unsere möglichen Entwicklungen eine externe Moderatorin. Ich habe mich dabei sogar teilweise ganz ausgeklinkt. Eine Gruppe erarbeitete: was wäre die Alternative, im Haus, und zwei Gruppen haben die Vision von Angermund erarbeitet.

Und in dieser Vision lebt ihr jetzt!
Vielen Dank!

Spinat-Pfannenkuchenröllchen à la Schwester Josephine

(FÜR 4 PERSONEN)

4 Pfannkuchen wie gewohnt ausbacken

Für die Füllung:

- 2 große Zwiebeln, 2 Knoblauchzehen
- Blattspinat, frisch oder gefroren (je nach Packungsgröße 500–800 g)
- 1 Dose Tomaten
- ca. 250 g jungen Gouda oder Butterkäse
- Öl, Salz, Gewürzmischung, Instant-Gemüsebrühe

Spinat mit einer kleingeschnittenen Zwiebel und dem Knoblauch in heißem Öl dünsten und nach Belieben würzen. Die zweite Zwiebel ebenfalls kleingeschnitten in der Pfanne dünsten und darin die Tomaten mit einem Teelöffel Gemüsebrühe-Pulver, Salz sowie einer Kräutermischung abschmecken und einige Minuten köcheln lassen. Die Soße dann in eine große oder mehrere kleine Auflaufformen verteilen.

Den geschnittenen Käse und den Spinat auf die Pfannkuchen verteilen und diese aufrollen. Die Pfannkuchen in ca. 5 cm breite Röllchen schneiden und mit der Schnittfläche nach unten in die Tomatensoße setzen. Das Ganze ca. 20 Minuten im Ofen backen (175–200°C).

Dazu oder extra gibt es:

Salat mit gerösteten Walnüssen nach Bruder Jan

Zutaten:

- Diverse Blattsalate nach Geschmack: Rucola, Baby-Spinat, Pflücksalat, Feldsalat, grüner Salat; Radieschen, fein geschnitten, grünes Pesto, Olivenöl

Für das Topping:

- Walnüsse, Öl, Salz

Für das Dressing:

- Sahne, Olivenöl, Balsamicoessig, Flüssigzucker, Maggi, Zitronensaft, Schlehen-Aufgesetzter, eventuell etwas Milch

Salzig geröstete Walnüsse:

Pfanne leicht einölen, Nüsse bei hoher Temperatur in der Pfanne schwenken (immer im Auge behalten!). Wenn sich eine leichte Röstung einstellt, Temperatur herunterschalten und kräftig salzen. Weiter in der Pfanne hin und her bewegen, dann aus der Pfanne auf einem großen, mit Küchenpapier belegten Teller zum Abkühlen verteilen. Einzeln vom Teller entnehmen, damit überflüssiges Salz und zu dunkel geratene Teile zurückbleiben.

Salatsoße:

Flüssige Schlagsahne in hohen, schmalen Behälter geben, Olivenöl, Balsamicoessig, ein Spritzer Flüssigzucker, mehrere Tropfen Maggi, etwas Zitronensaft dazugeben und gegebenenfalls mit Schlehen-Aufgesetztem oder anderem Schnaps abrunden. Mit dem Pürierstab aufziehen und je nach Konsistenz etwas Milch zugeben.

Salate in einer großen Schüssel mischen und mit grünem Pesto, das mit etwas Olivenöl verlängert wird, unterziehen. Geschnittene Radieschen und Salz und Pfeffer dazugeben, obenauf die Walnüsse verteilen.

Das Dressing dazustellen, sodass man sich nach Belieben nehmen kann.

Was nachklingt

Die vielfältigen Herausforderungen einer Neugründung werden nicht als Schwierigkeit definiert, sondern als Möglichkeit: Klösterlich-benediktinische Strukturen sind selbstverständlich *und* sie werden von reifen, erwachsenen Frauen flexibel und situationsadäquat angewendet. Die Leitfrage, an der sie sich orientieren, lautet: Was ergibt Sinn für das spirituelle Leben – *und* für unsere Kräfte *und* unsere je besonderen Charismen?

Einige Beispiele:

Es wird im Refektorium und auf den Gängen geschwiegen – gleichzeitig wird nach dem Mittagessen eine kurze Besprechung im Refektorium angehängt.

Es gibt eine klare Liturgieabfolge – gleichzeitig kann sie spontan durchbrochen werden.

Es gibt einen Plan, wer kocht und dass es mittags ein warmes Essen geben soll – gleichzeitig werden ausnahmsweise einfach die übriggebliebenen Brötchen von der Trauerfeier gereicht.

Gerade geht ihnen allen etwas die Puste aus – gleichzeitig haben sie große Lust auf die weitere Gestaltung des Hauses und der Umgebung.

Vielleicht das Wichtigste »Und«: Es wird gebetet, gearbeitet, meditiert *und* es wird auch gelacht. Der Humor trägt über die unvermeidlichen Pannen hinweg.

Sehr bedenkenswert fand ich folgende Aussage: »In dem Moment, in dem du die Schwelle zur Großgruppe überschreitest, sind andere Dynamiken am Werk. Mit über dreißig Schwestern hat man dann sehr viele, oft auch zu viele Geschichten im Haus. (...)

Heute hat jede Schwester ihre individuelle Geschichte, individuelle Themen, individuelle Kreise um sich herum, individuelle Meinungen.« Das macht es anstrengend und ist zugleich eine Einladung, aneinander zu wachsen – was nur dann gut möglich ist, wenn man sich mit den Biografien, Verletzungen und Eigenheiten von einigen wenigen auseinandersetzen kann.

Es geht nicht nur um die Personen, die sich zusammengefunden haben, sondern auch sehr zentral um den Ort, die Gebäude, die Räume, die Landschaft und die Menschen der Umgebung. Das Zitat von Abt Malachias bringt es auf den Punkt – und es zeigt, weshalb die Schwestern heute im Katharinenkloster so ganz anders agieren können als in ihrem Mutterkloster: Hier ist Natur, viel Licht, das Haus bietet Möglichkeiten, ist einladend.

Die Schwestern, so habe ich es empfunden, haben ihren Ort gefunden, den sie mit viel Freude und Fantasie gestalten.

Nachtrag: Am 7. Oktober 2023 konnte ich an der offiziellen Gründung teilnehmen. Weihbischof Schwaderlapp hielt den Gottesdienst, an dem ca. 250 Personen aus der Umgebung und den Orden teilnahmen. Noch einmal zeigte sich, wie herzlich und dankbar die Schwestern von ihrer Umgebung aufgenommen worden sind.

»Sich selbst und die eigenen Möglichkeiten nochmal neu ausloten«

EMMAUS-GEMEINSCHAFT DER
MISSIONS-BENEDIKTINERINNEN, DRESDEN

Die Gemeinschaft in Dresden wurde 1992 von den Missions-Benediktinerinnen in Tutzing gegründet. Ich kenne sie, seit ich mich dem Benediktinischen angenähert habe. So nahm ich auch die Gründung in Dresden nach der Wende mit Interesse wahr. Irgendwann in den 1990er-Jahren besuchte ich die damalige Gruppe in ihrer ersten Wohnung im Stadtzentrum. Nun war ich neugierig darauf, wie sie jetzt, in einem ganz anderen Stadtteil, einer anderen Wohnsituation und mit anderer personeller Zusammensetzung leben.

Es ist ein ruhiger, fast etwas dörflicher Stadtteil. Bei einem Gang durchs Viertel sieht man schöne Villen und Häuser aus der Gründerzeit. Hier sind keine Bomben gefallen, alles atmet noch ein bisschen den Charme der Vorkriegszeit, gemischt mit den üblichen Supermärkten und Döner-Läden. Die Straßen wirken sehr lebendig, man sieht viele Kinder.

Das große Pfarrzentrum aus den 1990er-Jahren ist von Grün umgeben. Die Pfarrkirche, die derzeit auch von einer ukrainischen Gemeinde genutzt wird, ist ein Riesenbau von Anfang der 1960er-Jahre. Sie liegt versteckt hinter Bäumen. Das war in der DDR Vorschrift: Man sollte die Kirche von der Straße aus nicht sehen. Sie gehört zum Pfarrverbund Selige Märtyrer und ist dem heiligen Petrus geweiht, das Altarbild zeigt die Verklärung Jesu.

Die drei Schwestern haben eine geräumige Wohnung im ersten Stock des Pfarrhauses, insgesamt sechs Zimmer, eines davon Büro und Besprechungszimmer, ein kleines Refektorium. Ein Zimmer ist frei für einen Gast – oder eine weitere Schwester. Alles wirkt sehr hell und freundlich. Im Kellergeschoss ist eine Kapelle, ausgestattet mit Ikonen. Sie wird auch von Orthodoxen und Kopten genutzt. Im Winter beten die Schwestern dort die ***Laudes*** und die ***Vesper***, im Sommer beten sie in der Kirche. Die Gebete sind immer öffentlich, und es kommt auch fast immer der eine oder die andere dazu. Die Schwestern führen äußerlich einen ganz normalen WG-Haushalt, gekocht wird überwiegend von Sr. Maria, aber auch die anderen beteiligen sich gerne. Sr. Elisabeth-Magdalena ist als Krankenhausseelsorgerin und Sr. Franziska in einer Musikschule tätig, Sr. Maria arbeitet ehrenamtlich in einem Seniorenheim, besucht dort vor allem Menschen, die sonst keiner besucht, und hilft ihnen beim Essen.

Durch ihre verschiedenen seelsorglichen Aufgaben leben sie teilweise eher wie Priestermönche. So sind sie zum Beispiel an Ostern wenig zusammen, die eine feiert mit Patient:innen in der Klinik, die andere sitzt an der Orgel.

Wie der Name »Emmaus-Gemeinschaft« zustande gekommen ist, ist nicht mehr zu klären. Aber er passt, sie können sich gut damit identifizieren, mit dem Auferstandenen auf dem Weg zu sein (vgl. Lukas 24).

»Ordensleute für den Osten« – und was daraus heute geworden ist

Gespräch mit der Gruppe sowie mit der Oberin Sr. Elisabeth-Magdalena Zehe

Was ist das Besondere an eurem Leben in der kleinen Gemeinschaft?

M: Wir sind hier vom Alter her ähnlich gemischt wie in der großen Gemeinschaft. Und schon sehr verschieden. In der großen Gemeinschaft ist es recht einfach: Wenn man sich mit jemandem nicht so gut versteht, dann geht man sich aus dem Weg. In der kleinen Gemeinschaft muss man sich arrangieren. Ich finde das eigentlich gut.

Und das klappt bei euch offenbar, so wie ich es wahrnehme.

M: Ja, manchmal reiben wir uns schon.

EM: Das erzeugt dann Wärme ... Man kann sich nicht aus dem Weg gehen. Das finde ich schon mal wichtig. Und man muss sich immer wieder neu miteinander arrangieren.

F: Wir wissen auch mehr voneinander. Ich wusste in Tutzing manchmal gar nicht, ob eine Mitschwester im Urlaub ist oder nicht. Oder ich habe sie eine Weile nicht gesehen und es ist mir gar nicht aufgefallen – plötzlich kam sie wieder. Ich finde, es ist ein ganz anderes Lebensgefühl: umeinander zu wissen, und auch die anderen wissen um mich. Ich finde den Alltag so schön: dass ich wieder einkaufe und koche, dass wir wieder planen, was wir kochen am Wochenende, selbst die Wäsche waschen und solche Sachen. Es kommt mir irgendwie echter vor. Ich bin lebendig. Ich mache das, was ich normalerweise früher im Alltag gemacht habe, das habe ich lange nicht mehr getan.

EM: Und neben dem, was ihr gesagt habt, können wir miteinander Gemeinschaft gestalten in allen Dimensionen, etwa in der Liturgie. Wir haben zum Beispiel überlegt, ob wir die vielen Zwischenantiphonen in den Psalmen einfach mal probehalber weglassen, weil das zu viel wird und nicht so passend ist, wenn wir die Psalmen sprechen. Das können wir einfach miteinander am Tisch bereden und dann ausprobieren und feststellen, das passt oder passt nicht. Wir brauchen da keinen langen Entscheidungsfindungsprozess für so etwas.

Ich finde es zudem schön, dass wir miteinander überlegen, was wir mit unserem Geld anstellen. Also wer was wann wie braucht. Dass man das nicht nur bilateral mit der Oberin bespricht. Was du gesagt hast, dieses »Alltag wirklich teilen«, das gehört für mich dazu, dass man um diese Sachen weiß. Und dass man ein Stückchen versucht mitzutragen, wenn es gerade an der einen Stelle viel ist und man erfährt davon beim Abendbrot. Oder was einen freut. Man ist viel näher aneinander.

Bei dem Thema »Geld« hake ich gleich mal ein. Das heißt, ihr zahlt hier Miete und ihr müsst selbstständig klarkommen, ihr bekommt keine Unterstützung von Tutzing?

EM: Nein. Brauchen wir in dem Sinn auch nicht, denn Franziska verdient über ihren Job, Maria kriegt eine kleine Aufwandsentschädigung und hat eine Rente, ich habe einen Gestellungsvertrag.

Du sagst, es wird alles zu Dritt besprochen, das heißt, du bist die Oberin, aber das ist nicht so sehr bedeutsam im Alltag? Ihr besprecht zum Beispiel mehr oder weniger locker die Dinge beim Abendessen?

EM: Ja, außer wenn wir sagen, wir brauchen mal ein bisschen was Konzentrierteres, dann setzen wir uns extra zusammen. Darum dauert unser Abendessen manchmal lange!

Wenn in der Früh eine von euch nicht auftaucht, dann wisst ihr, dass sie mal ausschläft?

F: Ja (*lacht*), ich bin gestern einfach nochmal eingeschlafen, das war überhaupt nicht geplant, ist aber auch kein Problem.

EM: Maria hat zwar dann ein bisschen geguckt, als ich um sieben Uhr angefangen habe, die ***Laudes*** zu singen. Ich wusste auch nicht, was los ist, aber ich habe gedacht: Gestern Abend wurde es spät oder was auch immer, also fangen wir einfach an. Manchmal kann man es vorhersagen, man hat sich mehr im Blick.

F: Mir gefällt sehr, sehr gut an unserem Leben hier in Dresden, dass ich aus dem Haus gehe zum Arbeiten, entweder mit dem Rad oder mit den Öffentlichen, genau wie alle anderen Leute: Ich gehe zum Arbeiten und abends komme ich wieder zurück. Das tut mir richtig gut. Und es ist voll gut, im Ordenskleid bei der Arbeit und beim Gebet zu sein – und wenn ich zu Hause bin und putze und den Müll runterbringe, dann auch mal in zivil gesehen zu werden – das hat was von Normalität.

EM: Ja, und wir merken alle, dass es immer wieder Begegnungen gibt, die unterwegs in der Bahn oder beim Laufen irgendwie geschehen. Ich laufe manchmal runter zum Strehlener Bahnhof, zwischen den Gärten durch. Dort schieben Väter ihre Kinder zum Kindergarten und dann sage ich »Guten Morgen«. Die Kinder fragen oft: »Oh, wer ist die Frau?« Wenn ich Zeit habe, kann man einen kleinen Schwatz halten, wenn ich keine habe, sage ich: »Ich muss zum Zug«. Dass man einfach so im Miteinander ist mit den Leuten, das ist auch viel stärker mein Gefühl.

Spielt dabei eine Rolle, dass das jetzt in der Stadt ist und nicht so ein kleiner Ort wie Tutzing oder Bernried?

F: Kann sein, es gibt dadurch mehr Möglichkeiten zum Arbeiten und auch zum Hinkommen.

EM: Wahrscheinlich hat es schon mit Stadt zu tun, aber wahrscheinlich ebenso mit der Situation hier in Ostdeutschland. Hier in Dresden kennen ältere Menschen noch die Schwestern vom Josefsstift, die Goppelner Schwestern, aber viel mehr ist nicht mehr übrig. Ich selbst merke einen Unterschied zu den ersten Jahren, als wir hier in den 1990er-Jahren angefangen haben. Ich bin ja inzwischen dreißig Jahre älter. Ich denke, es liegt eher an mir als an den anderen, dieses offene Dasein und dass ich selbstverständlicher im Ordenskleid durch die Gegend laufe. Fühlt sich für mich anders an, ich kann es gar nicht genau festmachen, vielleicht stecke ich besser drin.

F: Wir kommen schnell ins Gespräch dadurch. Die Leute wissen ja gar nichts, sagen manchmal: »Ach, da ist eine Diakonisse.«

Ihr habt viel von Offenheit und Flexibilität gesprochen. Was braucht es denn unbedingt an Verbindlichkeit und Struktur für so eine kleine Gemeinschaft?

F: Die Gebetszeiten. Und die stillen Zeiten, die wir für uns haben, meditieren finde ich auch wichtig. Eine macht es abends, eine macht es morgens. Und es gefällt mir, wenn wir in der Wohnung liturgisch beten. Mir kommt es dann so vor, als würden wir die Kirche ins Haus holen, in den Alltag, in den Augenblick. In der Pfarrkirche beten wir ***Laudes*** und ***Vesper***, aber ***Mittagshore*** und ***Komplet*** beten wir in unserer Wohnung.

M: Ja, und die Mahlzeiten sind wichtig. Mittags sind meistens Franziska und ich hier zusammen und abends, wenn es geht, alle drei.

F: Es gibt Abende, die wir für uns reserviert haben, am Sonntag zum Beispiel.

EM: Vielleicht steht etwas an, von Tutzing kommt vielleicht eine Anfrage, dass wir uns über etwas austauschen sollten und Rückmeldung geben. Dann nehmen wir uns Zeit und halten den Abend frei. Es sind die klassischen Pfeiler: Gebet, Mahlzeiten und Arbeit. Freizeit auch, wir haben noch nicht angefangen, irgendwelche Spiele zu spielen.

F: Doch! Wir haben einfache Sachen gespielt, Mikado und Wortsuchspiele, bei denen man Kärtchen aufdeckt, auf denen Fragen stehen. Man soll zum Beispiel ganz schnell einen Gegenstand sagen, der hier im Raum ist und mit H anfängt. Maria fiel »Hocker« ein. Sie war so festgelegt auf diesen Hocker und fing an zu schimpfen: »Wieso ist hier kein Hocker?« (***Lachen***)

Nähe zum Mutterkloster

Wie weit ist Tutzing weg für euch – emotional?

EM: Gute Frage.

F: Ein guter Abstand, finde ich. Wir sind vor Kurzem dort gewesen: zur Wahl der neuen Priorin, zu einem Vorbereitungstreffen und zur Einsetzung von Sr. Rachel als Priorin.

Und wenn ihr dann hierherkommt – seid ihr dann wieder »zu Hause«?

F: Absolut. Das erste Mal, als ich in Tutzing im Urlaub war, musste ich tatsächlich überlegen: Wie war nochmal der Weg zum Deixlfurter See? Und das, obwohl ich nur ein Jahr weg war. Ich bin so sehr hier eingestiegen! Ich war aber vorher über zwanzig Jahre in Tutzing.

Für dich ist es nochmal anders, weil du ja ursprünglich aus der DDR kommst?

F: Vielleicht, ja.

EM: Ja, für mich ist es eine Mischung. Einerseits genieße ich es gerade, mich nach etlichen Jahren in verantwortlichen Aufgaben auf viel Neues einlassen zu können, zum Beispiel in der Klinikseelsorge. Andererseits bekomme ich etliches nicht mit. Inzwischen sage ich: muss ich vielleicht auch nicht. Die Herausforderung ist: Wie gestalte ich die Verbindung zu einzelnen Schwestern, denn so im Ganzen, das geht irgendwie gar nicht. Wir haben uns vom Discernment-Prozess (eine gruppendynamische Veranstaltung zur Vorbereitung einer wichtigen Entscheidung, etwa einer Wahl) bis zum Wahlkapitel durchaus damit auseinandergesetzt – oder mussten das auch: Was ist, wenn eine von uns gewählt wird? Und müssen wir dann Dresden aufgeben, weil wir gar nicht so viele Leute haben, die wir hierherschicken können? Ich habe mich schon noch einmal damit auseinandergesetzt, wie das wäre, und gemerkt, das würde mir jetzt ganz schön schwerfallen. Ich spürte dann auch, wie verwurzelt ich hier bin, wie für mich Lebensräume noch einmal neu aufgegangen sind.

Du hast mir erzählt, wie sehr die Krankenhausseelsorge jetzt deins ist. Das finde ich sehr schön. Und bei dir, Franziska, natürlich die Musik!

F: Ich fühle mich ganz neu lebendig. Ich hätte nie gedacht, dass jetzt im Alter noch einmal so viel Leben kommt.

Könnt ihr euch vorstellen, dass ihr von Tutzing aus eine Art Vorhutposition haben solltet, dass man schaut, wie benediktinisches Leben heute aussehen könnte?

F: Wir sind nicht mit diesem Auftrag hierhergeschickt worden, aber für mich selbst ist das eine Frage. Könnte das vielleicht sein, dass wir in Zukunft so leben, dass es so ganz, ganz kleine Grüppchen von Klosterleuten gibt?

M: Ich habe gedacht, dass das auch eine Perspektive für jüngere Schwestern bei uns ist, weil in Tutzing so viele über neunzig sind und einfach dabei zusehen, wie der Konvent schrumpft. Aber das Interesse war gar nicht so groß bei den Jüngeren.

Nochmal zu euren Strukturen: Habt ihr die Idee oder die Fantasie, dass die Gemeinschaft in Tutzing auch etwas von euch übernehmen könnte?

F: Ich weiß nicht, wie es gehen könnte, die Gemeinschaft ist zu groß ...

EM: Wir sind jetzt doch 55 Schwestern in Tutzing. Insgesamt sind wir wohl unter 70 inzwischen – vieles ist unbeweglicher. Und gleichzeitig geht auch dort manches. Aber alleine schon, dass sie nicht alle zusammen an einem Abendbrottisch sitzen und überlegen können »Mensch, morgen früh ist es so und so, soll man eine halbe Stunde früher oder später aufstehen oder so?«, das geht einfach nicht.

EM: Ich habe es über die dreißig Jahre ein bisschen mitverfolgt. Am Anfang, da gab es die Initiative der ostdeutschen Bischöfe »Ordensleute für den Osten«. Das kam zusammen mit Anregungen aus dem Kreis der damals jüngeren Schwestern bei uns. Sie meinten: Müssten wir nicht wieder mal was Neues machen? Und es war ein bisschen Aufbruchstimmung irgendwie. Dann kamen wir nach Dresden und hatten keinen konkreten Auftrag, sondern wir wurden eher gesandt in dem Sinn: Schaut mal, was ihr da so machen könnt. Die Gemeinschaft hier hat sich ebenfalls immer wieder ganz doll gewandelt durch die Menschen, die da waren. Vom Profil her habe ich am Anfang eher gehadert. Ich hatte das Gefühl: Wir wissen gar nicht, wozu wir da sind und was das alles soll. Ich hatte zwischendurch auch mal die Idee, als es in Bernried und Tutzing personell so eng geworden war: Warum nicht Dresden vorübergehend schließen, denn da sind gerade vier fitte Leute, die könnte man so dringend brauchen. Nein, wir wollen Dresden halten, hieß es dann. Aber wofür wollen wir es denn halten? Das war gar nicht so greifbar. Und trotzdem hat sich über die dreißig Jahre die Idee gehalten: Wir brauchen Dresden. Was immer sich dahinter verbirgt. Für mich war es nie so ganz konkret zu greifen. Es war immer so ein bisschen: Na ja, Mission und im Osten, aber dass das ein Stadtkloster ist oder ein anderes Profil hat, das vielleicht zukunftsfähiger sein könnte, war nicht so wirklich Thema.

F: Wenn die Schwestern sagten: »Da bin ich Missionarin, da in Dresden, da bin ich wirklich Missionarin«, dann kam das bei mir immer so ein bisschen stolz rüber. Ich freue mich einfach, hier zu sein und den Menschen zu begegnen. Anders als in Tutzing – irgendwie normaler.

Seid ihr in eurer Wahrnehmung so etwas wie ein Geistliches Zentrum? Kann man das so sagen: klein, eine Zelle, die auch Ausstrahlung hat?

F: Das habe ich mir noch nie überlegt. Ich merke, dass es mir selbst mit dieser Zelle gut geht, es freut mich, wie wir zusammen Stundengebet halten. Es geht für mich noch einmal neu und leichter als in so einer großen Gemeinschaft. Für mich persönlich bedeutet das auch geistliches Wachstum. Ob das ausstrahlt? Keine Ahnung.

EM: Wir sind kein Zentrum in dem Sinn, dass man zu uns kommt und hier eine Oase hätte. Franziska, du bist ganz stark gefragt als Organistin, als Musizierende, aber jetzt nicht nur wegen deiner technischen Fertigkeiten, sondern weil die Menschen etwas spüren von dir, von deiner Persönlichkeit.

F: Genauso ist es bei dir.

M: Bei mir ist das jetzt auch schon so. In dem Seniorenheim haben sie das sehr gern, das wird sehr geschätzt, dass ich da bin.

Ihr habt keinen Ort, an den die Leute kommen können. Also tragt ihr das Kloster mit nach draußen?

F: Eher als Einzelne, ich meine, die wissen, dass wir zu dritt hier leben, aber die kennen die anderen nicht, und das ist auch kein Problem.

Ihr würdet euch, habe ich das richtig verstanden, noch eine Vierte wünschen?

EM: Wäre schon nicht schlecht. Ausgangspunkt war diese Idee, mit der Stellenteilung für mich, damit ich ein anderes Standbein aufbauen kann. Aber wenn jemand käme und Lust hätte und etwas ganz anderes machen wollte, wäre es auch in Ordnung. Einfach, um diese Struktur noch ein bisschen stabiler zu halten. Wenn es möglich wäre, wäre es schön, wenn es nicht so ist, dann ist es eben nicht so.

Spontan leben

EM: Das fand ich so stark am Karsamstag: Ich frage die beiden, ob wir nicht Sonntag zu dritt in den »Messias« gehen wollen. »Oh ja«, war die Antwort! Und dann gab es keine ***Vesper*** hier im Kloster am Ostersonntag, sondern den »Messias« für uns!

F: Aber was da drinsteckt an Ostergedanken! Wir haben uns dann auch vorbereitet und ein Textheft mitgenommen.

EM: Ich überlege gerade, wie das wirkte, als wir drei da im schwarzen Ordenskleid in der ersten Reihe saßen. Das wird ja wahrgenommen: Das sind drei Schwestern, dürfen die sich das »leisten«, in eine Aufführung des »Messias« zu gehen? Die Karten kosten so und so viel, was ist das für ein Zeichen? Es waren Leute aus unserer Gemeinde hier und die, die uns gesehen haben, sagten: »Ach, Sie sind auch da!« Nicht kritisch, sondern eher so, als ob durch unsere Anwesenheit da noch was »Sakrales« dazugekommen wäre, weil es auch eine Art von Verkündigung ist. Wahnsinn, der »Messias«.

F: Das war im Kulturpalast, nicht in der Kirche. So sind die Bach'schen Passionen entstanden: Zuerst war das eine klösterliche *Vesper* und danach wurde daraus das Magnificat. Psalmen wurden vertont, Schütz hat das auch gemacht, und daraus sind dann musikalische *Vespern* gewachsen.

M: Und für uns war unser Ordenskleid da einfach ein festliches Kleid.

F: Ein anderes Beispiel: Wir planen spontan um. Am Ostermontag ist plötzlich schönes Wetter und jetzt fahren wir nach Pirna zum Gottesdienst und laufen noch ein bisschen. Das ist einfach schön.

Und längerfristig: Gehen oder bleiben?

Eine der Voraussetzungen, hier zu leben, ist wahrscheinlich, dass ihr relativ stabil und gesund sein müsst, oder? Wenn jemand dauerhaft krank würde, hättet ihr ein Problem?

M: Ja, oder auch, wenn eine von uns keine Treppen mehr steigen kann. Was nicht bewegt wird, bewegt sich nicht.

EM: Ich denke, es kommt auf das Ausmaß an. Wenn eine sich die Hand bricht, das lässt sich sicher noch schaffen, das ist nur vorübergehend. Wenn es was Schlimmes ist, dann müssten wir miteinander überlegen.

Ihr wollt, höre ich da raus, eigentlich hierbleiben?

EM: Ich sehe für mich persönlich keine Veranlassung, mich für eine Versetzung zu bewerben, im Gegenteil, ich hätte große Not, wenn ich gefragt würde, ob ich anderswo hingehen könnte. »Neu lebendig geworden«, wie Franziska gesagt hat, das gilt für uns alle drei. Sich selbst und die eigenen Möglichkeiten nochmal neu auszuloten.

M: Und die Umgebung! Dass im Gottesdienst immer junge Leute rumspringen, mir gefällt das. Wir grüßen uns, wenn wir uns sehen. Wenn das Kleine schreit, dann geht die Mutter mit ihm raus und das größere Kind bleibt noch eine Zeit, geht dann auch nach draußen und schaut und kommt wieder.

Und gleichzeitig ...

F: Wir wollen das hier nicht für die Ewigkeit etablieren. Wir wollen schon hierbleiben, aber mit dieser Offenheit, dass es auch irgendwann zu Ende geht.

M: Wenn wir nicht mehr berufstätig sein können, dann hört es von selbst auf, das glaube ich.

EM: Nicht automatisch – wir bekommen dann eine Rente, wie hoch auch immer die sein wird.

F: Bei mir geht das, weil ich Honorarverträge abschließe.

EM: Du kannst mit der Musik ewig weitermachen und ich zum Beispiel könnte dann viel häufiger Exerzitien in Hohen Eichen, einem Haus der Jesuiten, auf Honorarbasis begleiten. Vielleicht würden wir uns eine neue Wohnung suchen, die ein bisschen kleiner ist. Wobei – ob die dann günstiger ist?

Gibt es eine Art Programm, das ihr anbietet? Besinnungstage oder so etwas?

EM: Bisher haben wir das einmal im Zisterzienserinnenkloster Marienstern angeboten, das war ein Pilotprojekt. Wenn es weitere Angebote geben sollte, dann eher woanders. Wir feiern dieses Jahr 100 Jahre Pfarrei St. Petrus, in der Fastenzeit haben wir daher »Exerzitien im Alltag mit Petrus« begleitet.

F: In der Gemeinde sind wir schon präsent und engagiert, aber nicht nach dem Motto: Wir als Missions-Benediktinerinnen machen jetzt etwas für euch, sondern wir machen es mit euch. Und wir übernehmen Funktionen. Orgelspielen, singen, da hängt auch dran, dass man Lieder raussucht. Auch bei den Familiengottesdiensten sind wir mit im Team, da frage ich dann: Was wollt ihr machen? Was habt ihr für ein Thema? Oder ich suche die Lieder passend zur Predigt aus.

M: Und ich starte jetzt als Kommunionhelferin.

EM: Ich habe mich dieses Jahr überreden lassen, bei der Firmvorbereitung mitzumachen, nicht ahnend, was das heißt und beinhaltet. Firmung ist am Pfingstsamstag. Ich habe die Fahrt mit den Firmlingen mitgemacht, mir dafür Urlaub genommen, und war dann tatsächlich die Einzige aus der Gemeinde. Nach Pirna, da ist eine Familienbildungsstätte, mit ca. vierzig Jugendlichen. Ich war die Gruppenoma. Jungs und Mädchen aus zwei Gemeinden, die alle zu dieser Pfarrei gehören. Ich fand es gut und durchaus hilfreich, ich habe das nutzen können, was ich in Olpe bei den Orientierungstagen gemacht habe. Diese Struktur konnte ich dort anbieten, und das war ganz hilfreich. Aber da gucken wir schon darauf, dass es nicht dazu führt, dass die übrigen in der Gemeinde denken: Die Schwestern machen das.

F: Beim Weltgebetstag habe ich Proben geleitet.

EM: Oder, wenn es heißt, es gibt in der Fastenzeit Kreuzwege, da haben wir uns auch schon eingebracht und wir übernehmen dann eine Gruppe in der Pfarrei.

Gibt es Interesse in der Gemeinde speziell am benediktinischen Leben?

EM: Es gab in den 1990er-Jahren mal eine Gruppe, die nannten sich »Freunde Benedikts«, die haben sich teilweise als Oblaten nach Kloster Wechselburg orientiert, einige sind noch übrig von damals. Und weil das immer so weit ist, gab es auch hier einen kleinen Kreis, der sich getroffen hat. Ich weiß nicht, wann das eingeschlafen ist. Weltweit gibt es viele Oblatinnen, in Manila, Korea usw. haben sie große Oblatengruppen.

F: Mir wäre das jetzt zu viel. So, wie ich jetzt eingespannt bin, ist es gerade richtig, aber noch mehr ...

EM: Vor allem geht es dabei um die Verbindlichkeit. Wir merken das schon mit dem Lectio-Kreis, mit dem wir einmal im Monat Bibelteilen praktizieren. Wenn alle da sind, ist es schon schön. Aber wenn wir das als Oblatenkreis verstehen würden, müssten wir noch verbindlicher arbeiten und etwas bieten.

Wo steckt ihr eigentlich die meiste Energie hinein?

F: In die Begegnungen mit den Menschen. Bei dir, Elisabeth-Magdalena, finden die in den Gesprächen, bei mir im Unterricht statt, wenn ich allein bin mit einem Kind, das ist einfach schön. Die genießen das und ich genieße es auch, ganz egal, was dabei herauskommt. Sie sollen zu sich selbst stehen und sich mit dem, was sie selbst sind, hinsetzen und spielen, das ist so meine Lebenseinstellung. Es geht nicht um eine tolle Technik oder um fehlerfreies Spielen.

EM: Manchmal ist es zu viel, formal zu viel, aber auch in der Schwere, wenn jemand mit Geschichten daherkommt, die zu tragen, mitzutragen sind, das bringe ich dann auch hier mit ein. In der Klinik etwa begegne ich Menschen in krisenhaften Situationen, manchmal kommen sie mit der Frage, ob sich das Leben überhaupt noch lohnt – nach einem Suizidversuch oder bei alten Menschen. Das ist nicht immer leicht, doch so existenziell und kostbar – und da fließt viel Energie von mir hinein.

Leben mit den Pfarrgemeinden

EM: In der Pfarrei gab es schon immer viele junge Familien, sie ist lebendig, mit viel Potenzial – aber in den Veränderungsprozessen, mit den Zusammenlegungen kommt auch viel Unsicherheit hoch, der Blick zurück ist manchmal stark.

F: In der Evangelischen Kirche, wo ich manchmal im Gottesdienst spiele, habe ich mich sehr erschrocken, wie wenig Leute da sind. Wenn es zwanzig sind, ist es sehr viel, meistens sind es so zehn, zwölf Leute, alles Alte. Eine der Musikschulen möchte, dass die Kinder im Gottesdienst musizieren und da war dann die Frage: Ist dort gar kein Kindergottesdienst? Wir haben schon ewig keinen Kindergottesdienst mehr gehabt. Also habe ich mit den Kindern während der Predigt etwas extra gemacht.

EM: Vielleicht ist in dem Sinn Dresden auch nicht so sehr Stadt. Es gibt die Hofkirchen- oder die Domgemeinde, die ist eher städtisch, aber es gibt drum herum wenige Wohnungen. Es kommen viele Touristen, das ist für das Gemeindeleben gar nicht so einfach. Aber hier, das sind dann Stadtteile mit einer eher dörflichen Struktur, du hast noch die alten Wohnungen, es ist alles um die Ecke.

F: Es gibt hier einige Hauskreise und viele junge Familien, die haben sich das irgendwie bewahrt, es ist ihnen etwas Wichtiges, am Sonntagvormittag in die Kirche zu gehen. Da wird gar nicht drüber nachgedacht.

M: Wer hier Christ ist, der ist es wirklich. Der ist es mit Überzeugung.

EM: Es sind Menschen dabei, die das ganz engagiert machen und wo die Mädchen zum Beispiel Ministrantinnen werden. Ein paar Familien sind mit ihren Kindern ganz aktiv. Andere sagen eher: Ich mach das, damit der Haussegen nicht schiefhängt, weil die Oma das unbedingt will.

F: Hier in der Pfarrei gibt es einen Mann, der arbeitet mit den Ministranten und macht das so toll, finde ich, so engagiert! Er spielt auch Klarinette. Die Treffen starten am Freitag mit einer Andacht, und es kommen richtig viele Ministranten, bestimmt dreißig oder vierzig.

M: Am Sonntag haben sie drei Ministranten neu aufgenommen, das war sehr schön und feierlich. Die Ministranten hatten Paten, ältere Messdiener:innen, die mit ihnen diese Aufnahmezeremonie feierten. Sie wurden gefragt, wozu sie bereit wären, und dann haben die Älteren sie eingekleidet.

F: Es ist aber nicht so meditativ im Gottesdienst. Mal schreit ein Kind, mal ist während unserer **Vesper** am Dienstag die sogenannte Vorjugend da, die nebenan essen, da ist es richtig laut. Die hören uns dann wahrscheinlich auch singen, sie wissen, die Schwestern sind nebenan, die beten die Psalmen. Wir hören ab und zu mal lautes Lachen oder wenn die Stühle scharren, und Musik haben sie an. Das ist Leben.

Jetzt gibt es diese Cella hier seit gut dreißig Jahren – könnt ihr euch vorstellen wie ihr diese Dynamik des Anfangs weiter behaltet? Es ist ja schon die Gefahr, dass es sich etabliert und dann so bleibt, aber eigentlich soll es immer dynamisch bleiben.

EM: Die Gefahr sehe ich gar nicht, überhaupt nicht. Es wird immer wieder neu durch die wechselnden Besetzungen hier. Und wir drei sind jetzt wirklich auch – wie nenne ich das? Flexibel ist zu wenig ...

F: Offen und frei. Die Offenheit ist da. Auch für Veränderungen in der Liturgie, in Freiheit. Ich habe beispielsweise an den Kartagen die Trauermetten einfach so gekürzt, dass es für uns machbar war. Und wir haben nicht alles gesungen, sondern Teile davon und das andere eben gesprochen. Ich habe nicht den Eindruck, dass es ein Verrat an der Liturgie ist. Ich finde es toll, dass wir da miteinander so offen, ehrlich und frei schauen können, ohne die Ängstlichkeit: Das ist eine Gefahr für unser Leben, wenn da ein bisschen etwas wegfällt, wir sind doch benediktinisch und wir müssen doch ...

Die Benediktsregel sagt ja, man schaut, wenn etwas nicht geht, dann entscheidet der Abt oder die Oberin, dass man etwas anders machen kann.

Alle: Ja, ja.

EM: Wichtig bleibt auch die Flexibilität. Als wir hier ankamen, war die Idee, dass ich im Ordinariat arbeite. Dann wurde das nichts. Also haben die, die da waren, mich dabei unterstützt, dass ich einen Raum suche und den einrichte und eine Beratungspraxis aufmache. Und kaum war ich eingerichtet, ergab sich etwas anderes. Ja, mach das doch, hieß es dann! Und schau mal, ob das passt. Oder ein anderes Beispiel: Ich weiß noch, wie ich gefragt habe, ob ich die geistliche Begleitung für die Gemeindereferenten übernehmen soll, und du, Franziska, schriebst mir: Warum denn nicht, guck doch einfach mal. Dieses Ermutigen von den anderen und die Möglichkeit, etwas auszuprobieren und vielleicht nach einem halben Jahr zu sagen: Das wird mir doch zu viel oder es passt irgendwie nicht. Manchmal sind es sogar die anderen, die sagen: »Du, pass auf, das wird jetzt zu viel.« Und dann kann man selbst herausfinden, was das richtige Maß ist.

M: Ich habe auch erst gedacht, ich könnte mehr Stunden arbeiten, aber ein Tag reicht mir. Und ich werde hier gebraucht, das macht mir Spaß.

F: Und noch etwas ist wichtig: sich überraschen zu lassen. Ich habe am Anfang sehr darunter gelitten, dass ich keine Orgel mehr zur Verfügung hatte. Wenn ich dann hier oben war und gehört habe, dass die Organisten drüben üben, ist es mir richtig schwer ums Herz geworden. Ich hatte immer wieder probiert, mit in den Organistenplan zu kommen, aber die anderen waren ziemlich ablehnend. Und jetzt ist es gar kein Problem mehr! Ich werde viel angefragt als Organistin. Ich kann auch sagen: Ich spiele eine Orgelvesper, ich trau mich das und stehe dazu. Das finde ich so superschön.

Sich einbringen mit der ganzen Lebenserfahrung

EM: Für die Klinik habe ich zum Thema: »Benedikt und die Kranken« (Regel, Kapitel 36) eine Fortbildung angeboten. Das war am 22.3., ich bin draufgekommen, weil vorher am 21.3. das Hochfest des heiligen Benedikts war. Ich hatte vorher eine Umfrage gemacht: Leute, was wollt ihr denn als Thema?, aber da kam dann nicht wirklich etwas. So habe ich mich getraut und mir gesagt: machst du jetzt einfach was zu Benedikt. Für mich war es die Möglichkeit, das Eigene in einen ganz anderen Kontext hineinzubringen, sodass die anderen merken: anscheinend lebt sie wirklich daraus. Wir haben uns dann über das Dienen unterhalten – es gibt im Krankenhaus viele Worte, die damit zusammenhängen, Dienstplan usw. – und ich habe an manchen Stellen noch etwas ausgeführt, zum Beispiel, wie Benedikt den Abt versteht oder wie der »Rat der Brüder« (Regel, Kapitel 3) zu verstehen ist, insbesondere: auf die Jüngeren zu hören. Also das, was so im Lauf der Jahre gewachsen ist an Wissen über die Spiritualität der Regel, aber auch gelebt wurde. Ich bin darauf gekommen bei der Frage, wie wir benediktinisches Gemeinschaftsleben auch für andere erfahrbar machen können. Ist das nur möglich, wenn die Menschen zu uns kommen, die Liturgie miterleben und dabei ein Wochenende mit uns verbringen? Oder: Was können die Menschen über uns erfahren, wenn wir ihnen einfach erzählen, wie wir leben? Etwa von der Gütergemeinschaft: Wir werfen alles Geld in einen Topf und jede soll das kriegen, was sie braucht, aber sie soll sich gut überlegen, was sie wirklich braucht. Je länger ich Benediktinerin bin, desto spannender und kostbarer wird es. Davon zu erzählen, ist wichtig.

Die Regel ist nach wie vor genial, man muss sie nur in unsere Welt transportieren.

EM: Als Tischlesung nehmen wir nur die Regel – jeweils ein kurzer Abschnitt aus der Benediktsregel plus Kommentar von Sr. Michaela Puzicha.

(Dann der Einwand:)

F: Sr. Maria hat mir gestern etwas vorgelesen!

M: Ja, aus Grimms Märchen. Die nehme ich mit ins Seniorenheim. Ich habe darin eine Geschichte gefunden, da habe ich gedacht, die lese ich vor. Sie heißt: »Der kluge Knecht«.

(Mit dieser Geschichte endet für mich ganz überraschend unser Gespräch. Ich weiß nicht, was Sr. Maria bewogen hat, gerade diese Geschichte auszuwählen. Für mich steht sie für: offen zu sein für das, was eine Situation nahelegt, und nicht stur an dem festzuhalten, was ursprünglich einmal vereinbart war. Auf die Worte des Herrn hören – und der eigenen Weisheit folgen.)

Ein Märchen der Brüder Grimm:
Der kluge Knecht

Wie glücklich ist der Herr und wie wohl steht es mit seinem Hause, wenn er einen klugen Knecht hat, der auf seine Worte zwar hört, aber nicht danach tut und lieber seiner eigenen Weisheit folgt. Ein solcher kluger Hans ward einmal von seinem Herrn ausgeschickt, eine verlorene Kuh zu suchen. Er blieb lange aus, und der Herr dachte: »Der treue Hans, er lässt sich in seinem Dienst doch keine Mühe verdrießen.« Als er aber gar nicht wiederkommen wollte, befürchtete der Herr, es möchte ihm etwas zugestoßen sein, machte sich selbst auf und wollte sich nach ihm umsehen. Er musste lange suchen, endlich erblickte er den Knecht, der im weiten Feld auf- und ablief. »Nun, lieber Hans«, sagte der Herr, als er ihn eingeholt hatte, »hast du die Kuh gefunden, nach der ich dich ausgeschickt habe?« »Nein, Herr«, antwortete er, »die Kuh habe ich nicht gefunden, aber auch nicht gesucht.« »Was hast du denn gesucht, Hans?« »Etwas Besseres, und das habe ich auch glücklich gefunden.« »Was ist das, Hans?« »Drei Amseln«, antwortete der Knecht.« »Und wo sind sie?«, fragte der Herr. »Eine sehe ich, die andere höre ich und die Dritte jage ich«, antwortete der kluge Knecht. Nehmt euch daran ein Beispiel, bekümmert euch nicht um euern Herrn und seine Befehle, tut lieber, was euch einfällt und wozu ihr Lust habt, dann werdet ihr ebenso weise handeln wie der kluge Hans.

Zupfkuchen als Muffins

Zutaten für den dunklen Mürbeteig:

- 100 g Butter
- 50–70 g Zucker
- 3–4 EL Kakaopulver
- 150 g Mehl
- 2 TL Backpulver

Zutaten für die Quarkmasse:

- 2 Eier
- ca. 60 g Zucker
- 100 g Butter
- 200 g Magerquark
- ½ Päckchen Vanillepuddingpulver

Den Backofen auf 175 °C (Umluft 150 °C) vorheizen. Ein Muffinblech (12er) mit Papierförmchen auslegen.

Einen Mürbeteig kneten – besonders gut schmecken die Muffins mit sehr dunklem Kakao. Ca. 2/3 des Teiges gleichmäßig auf die Förmchen verteilen und am Boden festdrücken. Die übrigen Zutaten zu einer glatten Quarkmasse verarbeiten, dazu die Butter vorher zergehen lassen. Die Quarkmasse auf die Förmchen verteilen. Den restlichen Mürbeteig in Stücke zupfen und auf der Quarkmasse verteilen.

Etwa 20–25 Minuten backen, danach erkalten lassen.

Was nachklingt

Die drei Schwestern leben familiär und zugleich in guter Distanz miteinander. Klösterlich, aber nicht künstlich etwas aufrechterhaltend, was nicht mit Leben gefüllt ist.

Das »normale Leben« haben sie wiederentdeckt, und das macht ihnen große Freude und vermittelt Zufriedenheit. Sie genießen es, einzukaufen, zu kochen, die Wäsche selbst zu waschen, morgens wie andere Menschen auch zur Arbeit zu fahren, spontan Entscheidungen zu fällen. »Miteinander Alltag gestalten in allen Dimensionen«, so formuliert es eine von ihnen. Dass diejenigen, die betonen, wie gerne sie den »normalen« Alltag leben, Schwestern, Frauen sind, ist sicher kein Zufall.

Wirklich berührt haben mich Aussagen wie: »Ich fühle mich ganz neu lebendig. Ich hätte nie gedacht, dass jetzt im Alter noch einmal so viel Leben kommt.«

Mir scheint in alldem eine wichtige Erkenntnis zu stecken: In unseren großen Häusern haben wir zu viel aus der Hand gegeben und an Angestellte delegiert. Angestellte kommen in der Benediktsregel jedoch nicht vor.

Das Alltagsleben bedeutet für die Schwestern auch, berufstätig zu sein – und dies wiederum ist hier in Dresden eng verbunden mit ihrem missionarischen Apostolat. Sie sind nahe bei den Menschen, mal in Zivil, öfters im Habit, und sie sind bereit, über den Glauben zu sprechen, wenn sie gefragt werden. Es ist die passende Form für diesen Ort und für die Schwestern, die ja Missions-Benediktinerinnen sind. Hinauszugehen, um zu arbeiten und das Geld für den eigenen Unterhalt damit zu verdienen, ist eine Entwicklung, die in großen Gemeinschaften vorsichtig begonnen hat, hier aber bewusst Teil des Lebenskonzepts ist.

Eine klare Botschaft für mich ist: Sie gestalten alles so, dass sie – zumindest für längere Zeit – hier ihren Lebensort sehen.

»Ein Horchposten in der Welt«

CELLA ST. BENEDIKT, HANNOVER

Die Cella St. Benedikt wurde 1988 von der Abtei Königsmünster in Meschede gegründet. Sie gehört zur Kongregation der Missions-Benediktiner.

Sie befindet sich in einer ruhigen Seitenstraße in einem wunderschönen Mietshaus aus der Gründerzeit, wenige Minuten sowohl vom Zentrum wie auch von einem riesigen Stadtwald entfernt. Das Haus gehört dem Bistum, das Geld für aufwändige Renovierungen haben die Brüder allerdings selbst zusammensammeln müssen. Zu dritt bewohnen sie neben dem Erdgeschoss zwei weitere Stockwerke, Bruder Karl-Leo führt dort mit zwei Mitarbeiterinnen seine »Praxis für Atmung und Stimme«. Weitere Wohnungen sind anderweitig vermietet.

Die Hauskapelle im Erdgeschoss an der Straßenseite ist in Ellipsenform angelegt: Der Wortgottesdienst findet um das Lesepult statt, die Mahlfeier um den Altar, und die Gemeinde ist jeweils auf der einen oder der anderen Seite ganz mit dabei. Die Kapelle mit den offenen Räumen ringsum bildet das Zentrum der Cella. Der Alltag ist wie in allen benediktinischen Häusern durch Gebet und Arbeit strukturiert, sie beten früh, mittags und abends gemeinsam und öffentlich, auch wenn nicht immer alle da sind. Vor der Pandemie war es Usus, dass der eine oder andere der Gäste einen Schlüssel hatte, sodass gelegentlich auch nur die Gäste miteinander beteten. Ob dies wiederbelebt wird, ist offen. Eucharistie wird in der Regel unter der Woche

Dienstag und Donnerstag gefeiert, wenn Bruder Nikolaus, der einzige Priester, nicht da ist, entfällt sie.

Auf der Hofseite überrascht ein kleines Biotop, ein winziger, japanisch anmutender Garten, der wie auch die Räume im Haus Klarheit ausstrahlt und zur Sammlung einladen soll. Großen Wert legen die Bewohner darauf, dass jeder der Brüder Zeit und Raum für sich persönlich hat. So ist der Montag seit Beginn ein Tag ohne gemeinsame Liturgie und auch ohne Termine der Gemeinschaft. Die Zusammensetzung der Gruppe wechselte in den ersten Jahren öfters. Einzig Bruder Karl-Leo ist von Anfang an dabei. Die jetzige Dreiergruppe besteht seit 2012.

Verbundenheit und Verbindlichkeit

Gespräch mit der Gruppe und dem Oberen,
P. Nikolaus Nonn

Leben in kleiner Gemeinschaft – was bedeutet das für euch?

KL: Was für mich besonders ist, ist die große Verbundenheit mit nichtklösterlichen Bereichen, mit der Stadt, wie man so allgemein sagt. Also ein Haus zu haben, in dem ganz normale Mieter wohnen, Nachbarn zu haben, mit denen man direkt in Interaktion ist. Das war für mich schon ein Unterschied zu Meschede, wo man zunächst auf dem Gelände bleibt und alles zum Kloster gehört. Wer hier nicht Mönch ist, ist entweder Angestellter oder Gast des Klosters. Das ist in so einem Haus wie hier ganz anders.

Zudem hat eine kleine Gemeinschaft eine viel höhere Verbindlichkeit. Ein ganz praktisches Beispiel: Dass jemand nicht ins Gebet kommt und die anderen es nicht wissen, kommt eigentlich nicht vor. In der großen Abtei kommt es häufig vor, dass einer sagt: Ich schaffe es jetzt nicht – das passiert bei uns nicht. Es ist klar, wenn jemand nicht da ist, ist das vorher abgesprochen, weil es anders auch nicht funktioniert. Das Verantwortungsgefühl untereinander ist viel größer. In Meschede war es eher so, dass man die Verantwortung erstmal an die Oberen oder Bereichsverantwortlichen delegiert hat und in dem Selbstgefühl lebte: Ich habe eigentlich keine Verantwortung im Kloster. Gut, ich war auch nur bis zur Zeitlichen Profess dort im Kloster.

Aber diese Verbindlichkeit bedeutet auch: Man muss sich aufeinander verlassen können, es muss funktionieren mit denen, die da sind.

D: Das empfinde ich in einer kleinen Gemeinschaft sehr stark, man muss sich eigentlich auf jeden verlassen können. In einer großen Gemeinschaft, da gibt es verantwortliche Leute, auf die man sich verlassen kann, aber es gibt auch die Möglichkeit zu »u-booten«, das haben wir in der kleinen Gemeinschaft nicht. U-Boote, die nicht unterstützend mit dabei sind, sind nicht auszuhalten.

Freies gemeinsames Gestalten

D: Als Chance empfinde ich vor allem, dass ich sehr vieles in den klösterlichen Formen mitgestalten kann, angefangen davon, wie wird gebetet, wie Feste gefeiert werden können, aber auch, wie zeitgemäß klösterliches Leben aussehen kann. Da habe ich das Gefühl: Ja, ich kann wirklich mitgestalten. Ich habe jetzt nicht nur Vordenker.

Da seid ihr frei und müsstet zum Beispiel nicht nach den Chorbüchern singen, die die Abtei Münsterschwarzach übersetzt und vertont hat.

D: Nein, auf die Idee sind wir noch nicht gekommen.

KL: Wir haben manchmal sogar ein vierstimmiges Nachtgebet oder zum Teil andere Sachen gesungen. Da hat es nie eine kritische Nachfrage gegeben, von wegen: Wir müssten etwas anders machen, sondern maximal Neugier: Ach, was singen die denn da so? Ich habe nie etwas erlebt wie: »Ihr dürft das nicht« oder »ihr sollt mehr« oder so.

Beziehung zur Abtei Meschede

Wie werdet ihr denn überhaupt gesehen von der Abtei? Kommt ab und zu jemand zu Besuch, einfach so? Nicht zur »Kontrolle«, sondern weil er ein paar Tage bei euch verbringen möchte?

D: Schwierig zu sagen, da gibt es kein einheitliches Bild. Die Sichtweise der Brüder auf die Cella ist sehr unterschiedlich, von sehr angetan und interessiert bis hin zu Ablehnung.

N: Zur Kontrolle kommt keiner, und immer wieder einmal kommen Brüder für eine Woche, um Ferien zu machen oder Leute zu besuchen. Das ist in den letzten drei Jahren durch Corona stark zurückgegangen. Es war jedoch auch die eine oder andere Noviziatsgruppe da.

KL: Meistens gibt es dann doch irgendeinen Grund, warum uns jemand besucht. Also beispielsweise ist nächste Woche Kontemplationskurs, da kommt Johannes hierher. Dann kommt ein Priester zur Vertretung, wenn Nikolaus weg ist. Vor zwei Wochen war ein Bruder da, weil er Atemprobleme hatte. Oder wir machen eben Noviziatstreffen. Dass man einfach so mal eine Woche herfährt, das macht man im Kloster nicht.

N: Der 11.7. (Hochfest des hl. Benedikt) ist unser Gründungstag, da kommen immer eine ganze Reihe Brüder aus der Abtei.

Ostern und Weihnachten seid ihr hier unter euch?

KL: Ja.

N: Die erste Januarwoche haben wir immer Konventsexerzitien, da sind wir in der Abtei. Dann sind wir zum Predigerwochenende einmal im Jahr in der Abtei. Und es gibt dort zwei Konventwochenenden, aber wir haben hier eine Personalgemeinde. Das heißt, es gibt Menschen, die regelmäßig speziell zu unseren Gottesdiensten kommen, auch wenn sie nicht in der Umgebung wohnen. Daher können wir nicht so einfach weg.

D: Und wenn dort, in Meschede, Themen besprochen werden, die nicht unsere Themen sind, zum Beispiel wann sie wie ihre Gebetszeiten legen möchten – was sollen wir da mitentscheiden?

N: Wäre auch mal eine Idee, ihnen zu sagen: Ihr müsst das jetzt so und so machen ...

Genau: Ihr seid eine Art Laboratorium für die Zukunft, da könnten sie von euch lernen!

D: So war es mal gedacht, ja. Sozusagen als Horchposten in der Welt.

Und ist das nicht mehr aktuell?

N: Hat nie einer nachgefragt.

D: Hat sich keiner dafür interessiert.

Dann müsst ihr euch einmischen.

D: Richtig, aber das Interesse zur Gründung der Cella kam ja aus der Gemeinschaft.

Ich finde tatsächlich, das könnte es sein, dass man hier mal etwas ausprobiert, was dann ein großes Kloster zwar nicht eins zu eins, aber doch zum Teil übernimmt.

D: Wäre eine Möglichkeit, ja.

Was mich gewundert hat, ist, dass ihr die Gebetszeiten alle öffentlich macht, dass ihr das hinbekommt mit drei Leuten.

D: Das geht halt nur mit großer Treue.

KL: Und weil wir nur morgens, mittags und abends beten, der Montag frei und am Samstag und Sonntag findet keine ***Mittagshore*** statt. Deswegen brauchen wir solche Ausgleichszeiten. Sonst kann man das nicht handhaben. Aber das ist unser Selbstverständnis.

Leitung und Hierarchie

Du, Nikolaus, bist die Leitung? Wechselt das oder bist du das auf Dauer?

N: Nominell bin ich das, aber wir entscheiden zusammen. Wir überlegen zum Beispiel gerade, wie wir die Kar- und Ostertage verbringen. Nach der Coronapause suchen wir nach Ideen, wie wir das Ganze neu angehen können. An Gründonnerstag zum Beispiel feiern wir nach Abschluss der Liturgie eine Agape, um dann wieder in die Kirche einzuziehen und mit dem Hohepriesterlichen Gebet (gemeint ist das 17. Kapitel des Johannesevangeliums) in die Stille zu gehen.

Du bist also derjenige, der darauf dringen muss, dass man so etwas diskutiert?

N: Ich werde aber von den beiden anderen auch oft daran erinnert. Ich müsste es mehr im Blick haben, das ist richtig. Ich bin der Obere auf Dauer, auf Widerruf sozusagen.

KL: Ämtererneuerung (d. h. Ämterwechsel) ist bei uns gar nicht möglich, ich bin seit 31 Jahren für die Finanzen zuständig, da gab es keinen Ämterwechsel. Man spürt daran, dass solche Ämter bei uns keine Bedeutung haben, daher ist auch der Wechsel nicht bedeutsam. Wenn ein anderer Oberer wäre, würde sich an unserem Miteinander relativ wenig ändern. Das ist anders als in der Abtei, wo ein neuer Abt häufig auch einen neuen Stil bedeutet.

N: Die liturgischen Dienste wechseln wöchentlich, einfach reihum. Man kann sich ausrechnen, wann man dran ist. Und man hat immer eine Aufgabe, das ist die andere Seite.

Wie ist das mit Kochen, da habt ihr jemanden?

D: Genau, Dienstag bis Freitag kommt eine Frau, die kocht und die Gästezimmer putzt. Es ist für mich eine Entscheidung, in was man die Energie hineinsteckt. Ich bin auch für die Küche zuständig, aber wenn ich all diese Dinge selbst machen würde, dann könnte ich anderes nicht tun. Und wenn man alles tut, damit es intern funktioniert, hat das nach außen keine Ausstrahlung. Das ist eine Frage, die man entscheiden muss.

Und ihr habt eine Ausstrahlung. Kann man sagen, ihr seid so etwas wie ein geistliches Zentrum im Kleinen?

KL: Wir hoffen es, das müsste man die anderen fragen.

N: Thomas Harling, der Pastoralreferent im Dekanat, hat Menschen auf der Straße gefragt, was sie von uns wissen oder halten. Nur zwei kannten uns nicht, die anderen haben sich mit viel Respekt für uns und für das, was wir tun, geäußert. Er sagte auch, es ist eine große Wertschätzung im Dekanat da, die für uns erstmal nicht spürbar ist. Aber trotzdem ist das gut zu wissen.

KL: Ja, und die Wertschätzung spürt man schon, immer da, wo man selbst in Kontakt geht, auch zu Leuten, die nicht regelmäßig zum Gebet kommen.

N: Das Wort »regelmäßig« fand ich gestern spannend. Ich war zu einem Termin in der Fachgruppe Liturgische Bildung, in der ich mitarbeite. Jemand sagte, er komme regelmäßig – jedes Jahr an Weihnachten. Andere sagen, sie kommen regelmäßig an Ostern zu uns.

Es gibt bei uns immer wieder Leute, die sagen: »Ich kann nicht kommen, aber ich weiß, um achtzehn Uhr wird die Vesper gebetet, und es ist wichtig, das zu wissen.

D: Genau, das Wissen darum hat schon eine Bedeutung.

N: Wir haben beim ersten Lockdown die ***Vesper*** immer gestreamt und ich hatte anschließend einen intensiven Austausch mit jemandem aus der Eifel, der immer dabei war. Er fragte: Warum macht ihr das nicht weiter, auch nach Corona?

Da gibt es aber genug andere, die das tun. Das müssen wir nicht machen.

D: Wir müssen unsere Energie in andere Dinge stecken.

In was denn zum Beispiel?

D: Gute Frage. Einmal geht natürlich ein Teil der Energie dafür drauf, dass der Alltag irgendwie funktioniert. Die Gebetszeiten zu tragen und zu halten, das braucht Energie, ebenso wie die Spannung und den Bogen zu halten. Es wird mir deutlich, dass das schon etwas ganz Besonderes ist, in der kleinen Gemeinschaft, das so herzustellen und immer wieder, jeden Morgen zu beten: »Herr, öffne meine Lippen« und den ganzen Rest so zu schaffen. Das ist erhellend, wir bekommen das nicht so mit, dass das etwas Besonderes ist. Für uns ist es etwas Normales, Selbstverständliches. Aber ich glaube, da geht viel Energie hinein, deswegen machen es andere auch anders.

N: Für mich ist das Spannende: Bei uns gibt es keine Trennung zwischen den Gästen und uns. In Meschede ist die Mauer um das Chorgestühl, die von hinten als Abtrennung gesehen wird und für uns nur eine Art Schutz ist, wenn man allein betet. Sonst bist du in der Mescheder Abteikirche verloren. Wenn der Konvent allein in der Kirche ist, ist er so aber auch tatsächlich unter sich. Hier unten macht es nichts aus, wenn wir nur zu dritt sind. Es ist schöner, wenn die Leute dabei sind, natürlich, aber das geht gut.

Nikolaus, du hast gesagt, du steckst viel Energie in die Seelsorge, was du in Meschede so nicht hattest.

N: Das ist eine neue Erfahrung für mich. In den letzten elf Jahren habe ich etwas ganz anderes als Priester erlebt als in Meschede. Wobei ich da andere Aufgaben hatte und die Energien anders gebunden waren.

KL: Bei mir ist das durch die Praxis gegeben. Ich habe viele Patienten, aber es gibt auch einen Grenzbereich, etwa, wenn Patienten wissen, wie ich lebe. Es gibt durchaus eine Schnittmenge zu Menschen, die entweder schon vorher in der Cella waren und deswegen in die Praxis kommen oder die bei mir in der Praxis waren und danach zu Cella-Besuchern werden.

Wie viel Zeit verbringst du ungefähr in der Praxis?

KL: Ich bin an vier Tagen dort. Wenn ein Tag voll ist, dann habe ich acht Patienten, vier am Vormittag und vier am Nachmittag, jeweils eine Dreiviertelstunde bis eine Stunde.

D: Und ich mache ganz viel online. Außerdem bin ich für eine Veranstaltung zuständig, die wir ***Klosterherbst*** genannt haben (gemeint ist eine Bündelung von Veranstaltungen, Vorträgen Musik, Stadtführungen usw. im Lauf von einigen Tagen zu einem gemeinsamen Oberthema).

D: Man könnte auch unter dem Jahr Vorträge machen, aber dann hat man den hohen Aufwand zu werben, um Aufmerksamkeit zu wecken. Wenn man dagegen das Gesamtkonzept (für den ***Klosterherbst***) hat, macht man das einmal und bekommt auch noch Zuschüsse. Und kann dann ein schönes, gemeinsames Leitthema wählen und mit Konzerten, Workshops, Vorträgen und meist auch noch einem Online-Kongress etwas zusammenstellen, für Menschen, die nicht einfach in Hannover vorbeikommen. Das ist sehr aufwändig, aber wir haben es durchbekommen.

N: In der Abtei in Meschede gibt es das ganze Jahr über die sogenannten ***Abteigespräche***. Sie finden einmal im Monat als fester Termin statt. Das können wir hier nicht machen, dazu ist das Angebot an ähnlichen Veranstaltungen in der Stadt zu groß.

Das Format »Vortrag«, bei dem sich jemand vor Menschen stellt und redet, gibt es eigentlich nicht mehr, oder?

D: Das haben wir auch bemerkt. Es braucht ein ganz anderes Format, Impulse, die ganz anders eingebunden sein müssen. Also kein »Frontalunterricht« mehr, das ist absolut ausgestorben als Konzept, das ist echt vorbei. Da müssen andere Konzepte her.

Musik funktioniert immer noch bei euch, also Konzerte?

KL: Eigentlich am stärksten ist Musik innerhalb der Gottesdienste gefragt. Üblicherweise gibt es einmal im Monat, am ersten Sonntag im Monat einen Gottesdienst mit Musikern. Das sind in der Regel so gute Musiker, dass man sagen kann, das findet auf Konzertniveau statt. So ein Projekt, wie wir es morgen Abend hier haben, ist eher selten. Das ist experimentelle Musik und war eher der Wunsch der Musiker. Sie freuen sich, das hier machen zu können, und bringen ihre Freunde mit, das passt gut zusammen. Aber damit hier eine Konzertreihe aufzumachen, das funktioniert nicht.

N: Dazu ist das Angebot in der Stadt zu groß, da muss man 1-A-Angebote machen, das können wir nicht finanzieren.

KL: Wir haben vor Jahren die ***Klostergespräche*** in Zusammenarbeit mit der Katholischen Akademie des Bistums ins Leben gerufen. Drei Veranstaltungen im Jahr, bei denen wir hochkarätige Leute eingeladen haben. Das wurde von der Akademie beworben. Diese Vortragsgeschichten sind aber vorbei.

D: Ich überlege schon eher an der Idee herum, ein richtiges Symposium zu veranstalten, mit Essen, Tischlesung, einem Impuls und dann einem Gespräch, einer Zeit des Schweigens. Also eine Mischung aus Erfahrung und Dialog und hochkarätigen kleinen Impulsen, die das ein bisschen auflockern. Das könnte ich mir vorstellen. Es braucht einen Impulstext, über den man spricht, und klösterliche Elemente. Man muss etwas Attraktives schaffen, und es ist gar nicht schlecht, mit solchen traditionellen Rollen zu spielen.

N: Das haben wir im ersten ***Klosterherbst*** umgesetzt, der den Titel »Lebensorte« trug. Da waren wir unter anderem auf einem Kinderspielplatz, haben eine Synagoge besucht und einen Abend zusammen mit ***Manufactum*** bei uns veranstaltet. Es waren 20, 25 Leute da. In diesem Format gibt es eine Regellesung und zusätzliche Infos, es gibt etwas zu essen und es wird etwas dazu gesagt, zudem gibt es Momente der Stille, die sich mit Gesprächen abwechseln.

Der zweite ***Klosterherbst*** hatte den Titel »Spiritualität auf der ganzen Linie«. Es gab eine Stadtführung, bei der wir mit dem Bus verschiedene Stationen angefahren haben, unter anderem eine Demeter-Bäckerei, das Grab des Aktionskünstlers Kurt Schwitters mit der Inschrift »Man kann ja nie wissen«, eine Babyklappe und die eigene Kapelle.

KL: Ich denke, dass wir das wirklich dürfen, auch als eine so kleine Gemeinschaft: aus dem Schatz schöpfen. Das machen wir mit lateinischer Gregorianik ebenfalls. Die singen wir nicht jeden Tag, aber wir können es. Und wir tun ja nicht so, als würden wir jeden Tag lateinische Gregorianik singen. Aber wir können schön singen, wenn wir es wollen. Das ist auch so mit anderen Dingen, die wir können! Es ist vielleicht vergleichbar damit, dass andere ein schwarzes Abendkleid im Schrank haben und das auch nicht jeden Tag anziehen müssen, aber sich darin vielleicht schön bewegen können. Ich finde das gar nicht negativ, zu zeigen: Das ist eine Form, die gehört zu uns.

Wie macht ihr das mit Übernachtungsgästen? Habt ihr viele?

D: Es sind wieder mehr geworden nach Corona. Wir haben fünf Zimmer. Immer wieder fragen Leuten eine Übernachtung an, weil sie hier zum Geburtstag eingeladen sind oder etwas in der Art. Das machen wir nicht, weil es ganz schräg ist, wenn Menschen hier nur zum Übernachten sind und wir sie gar nicht erleben. Wenn es Freunde oder Verwandte von uns sind, ist das kein Thema. Oder wenn es jemand ist, der sagt: Ich möchte euch kennenlernen. Einfach jemand, der einen Bezug zu uns hat.

Ihr geht ja auch zu den Menschen, durch eure Berufe?

D: Ich gehe zudem online nach draußen. Benediktiner haben eher eine Komm-Struktur, Franziskaner eine Geh-Struktur. Wir haben von unserem ganzen Setting her eher eine Komm-Struktur, wir versuchen, einladend zu sein. Aber es gibt eine Schwelle, die lässt sich nicht gänzlich abschleifen.

Ihr müsst sicher sehen, was ihr macht, sonst seid ihr am Ende gar nicht mehr bekannt in »der Welt«.

D: Natürlich muss man das tun. Man muss sozusagen Schilder aufstellen, damit die Leute kommen können. Das ist schon wichtig. Aber man muss nicht bei den Schildern wohnen.

N: Karl-Leo und ich, wir gehen schon auch nach draußen, zu den Menschen. Du machst Stimmbildung, ich gebe Gregorianik-Kurse. Mit einem Kölner Floristen, einem Freund von mir, biete ich für ehrenamtliche Frauen und Männer, die Kirchenschmuck machen, Kurse an. Jetzt bin ich wieder eine ganze Woche unterwegs. Da mehren sich inzwischen die Anfragen. Ich habe letztes Jahr zusammen mit einem guten Popmusiker in Stade einen Tagesworkshop gegeben, es war ein Cross-Over: Gregorianik und Neues Geistliches Lied. Die Gemeinde hatte sechzig Leute motiviert, daran teilzunehmen.

KL: Wir haben 2013/14 überlegt, wie wir noch einmal andere Leute ansprechen können, dass sie den Weg zu uns finden. Wir haben uns verschiedene Sonntagsformate überlegt. Damals entstand die Idee, den ersten Sonntag im Monat musikalisch zu gestalten, so wie heute noch. Dann gab es eine Eucharistiefeier mit Taizé-Gesängen am dritten Sonntag des Monats. Und einen Sonntag mit Gregorianik. Wir hatten dazu eingeladen, eine Stunde vor dem Gottesdienst die Gesänge einzustudieren.

Größe und Struktur

Habt ihr eigentlich Interesse daran, dass noch andere Brüder aus Meschede oder anderen Orten kommen und sich euch anschließen?

D: Es wäre schon ganz gut, ich habe schon Interesse daran.

KL: Das wäre gut, auf alle Fälle.

D: Ein, zwei, das wäre natürlich super. Fünf ist eine schöne Größe. Drei ist nicht ganz leicht, fünf wäre eine super Zahl, aber dann würde sich natürlich einiges verändern. Das ist klar.

D: Ich finde es zudem wichtig, dass in so einem Kloster, wie wir es sind, das »Monarchische«, das monarchische System wegfällt. Eine Abtei ist zutiefst monarchisch. Das hat natürlich eine gewisse Faszination für viele Leute, das ist klar. Wie wenn man nach England auf die Queen guckt, das schaut man sich gerne an, aber man muss es nicht im eigenen Land haben. Das halte ich nicht für zukunftsfähig. Das ist natürlich ein großes Problem der ganzen Kirche, weil die insgesamt daran krankt, an dem Monarchischen mit Hofstaat und allem Drum und Dran. Ich weiß nicht, wie das in anderen Gemeinschaften ist, aber wir tragen zum Beispiel keinen Habit. Dadurch, dass die äußeren Zeichen wegfallen, wird die Person wichtiger, der Einzelne. Das macht, finde ich, einen großen Unterschied.

Manche finden das blöd, dass die äußeren Zeichen wegfallen, sagen: »Ihr seid keine Benediktiner, wenn ihr keinen Habit tragt«, weil für sie diese Form ganz wichtig ist. Aber es passt zur Stadt. Natürlich ist es auffälliger, wenn man im Habit hier durch die Gegend geht. Die Bekanntheit würde steigen. Fragt sich nur, bei wem und wer dann zu uns kommen würde. Für die Stadt ist es meiner Ansicht nach wichtig, wenn wir uns stärker mit unserer Persönlichkeit zeigen. Das macht auch Authentizität aus, das spielt eine große Rolle. Und das wird natürlich durch eine Uniform schwieriger. In Meschede tragen wir schon den Habit, manchmal auch, wenn wir irgendwo eingeladen sind.

KL: Immer, wenn die anderen ihren schwarzen Anzug anziehen, dann ziehe ich meinen Habit an.

Vielen Dank!

Penne con funghi porcini secchi (Nudeln mit getrockneten Steinpilzen)

EIN REZEPT (FÜR EINE PERSON), NICHT NUR FÜR DIE FERIEN, VON BRUDER NIKOLAUS

Zutaten:

- Eine Handvoll getrocknete Steinpilze
- eine rote Zwiebe
- 6 Knoblauchzehen
- Olivenöl
- Salz, Pfeffer
- Brühe
- frische Petersilie
- Penne (ca. 80 Gramm pro Person)

Und so geht's:

Die getrockneten Steinpilze ca. 2 Stunden in Wasser einweichen. Die Pilze dann aus dem Sud nehmen und kleinschneiden. Falls die Steinpilze sandig sind, den Sud durch ein Tuch oder einen Papierfilter in ein Gefäß seien und auffangen.

Die Zwiebel klein schneiden, sechs Knoblauchzehen schälen und vierteln. Zwiebel und Knoblauch in Olivenöl glasieren, Pilze dazugeben und mit Salz und Pfeffer würzen. Anschließend den Sud hinzufügen oder/und eine große Tasse Wasser und einen Steinpilzbrühwürfel (bekommt man in Italien) hinzufügen, bei geringer Hitze etwas reduzieren lassen. Nochmals abschmecken.

Je nach Geschmack kann man das Gericht mit einem Schuss Weißwein oder auch Cognac und ein wenig gehackter frische Petersilie verfeinern.

Penne in Salzwasser *al dente* kochen, abschöpfen, jedoch nicht abschrecken! In der Pfanne werden die Penne nun mit den Pilzen vermischt. Intensiver wird es mit etwas Pecorino.

Als Beilage empfiehlt sich ein frischer Tomatensalat. Dazu ein kühler Weißwein. — *Buon Appetito!*

Was nachklingt

Ich war schon einmal für einige Tage in der Cella zu Gast. Im Jahr 2000 richtete Hannover die Weltausstellung EXPO aus, und ich habe mich mit vielen anderen Ordensleuten im sogenannten *Christuspavillon* abgewechselt. Wir waren dort, um mit den Menschen zu sprechen, haben Getränke ausgegeben und die stündlichen Gebete mitgetragen.

Die Klarheit des Raums der Hauskapelle und die Art, wie dort gefeiert wurde, hat mich bereits damals nachhaltig beeindruckt. Von der Straße dringt Licht herein, und doch ist man durch das wunderbare Alabasterglas der Fenster geschützt. Ich hatte zudem noch lebhaft in Erinnerung, wie man in das Gebet mit hineingenommen wird. Damals war die Ellipsenform für Kirchenräume noch seltener als heute.

Auch diesmal war die Strahlkraft dieses Ortes für mich wieder stark spürbar. Für ein Konzert, das ich dort erleben durfte, gibt der Raum ebenfalls den passenden Rahmen. Man kann in kleiner und in größerer Gruppe und sogar allein gut in diesem Raum sein, die Seele kann aufatmen. Einander Raum zum Atmen zu geben, damit das Gebet lebendig fließen kann, das könnte hier das verborgene Subthema sein.

Das Leben zu dritt erfordert Verbindlichkeit und Verantwortung in der Übernahme von Aufgaben und im täglichen Gebet und Miteinander. Ich hatte den Eindruck, den Brüdern wurde durch meine Fragen wieder neu klar, dass es nicht selbstverständlich ist, wie sie das tägliche Stundengebet gemeinsam tragen – dass es auch sie trägt, ist die andere Seite.

Zwischen ihrer hohen Individualität und den persönlichen Bedürfnissen sowie dem, was zum Zusammenhalt des Gemeinschaftslebens gehört, haben sie, so mein Eindruck, eine gute Balance gefunden.

Als Stadtkloster leben sie mitten im Stadtteil, haben Kontakte zu den Nachbarn. Die Menschen in der Umgebung wissen, dass es sie gibt, und reden mit Respekt von dieser Cella. Durch ihre vielfältigen Tätigkeiten in der Praxis, bei Lehraufträgen sowie in der Seelsorge haben sie Kontakt mit den verschiedensten Menschen und lernen ihre Freude und Leid, ihre Hoffnungen und Ängste hautnah kennen.

»Horchposten in der Stadt« – das sind sie auf ihre Weise ganz gewiss.

»Eine geistliche Gemeinschaft hat nur dann eine existenzielle Berechtigung, wenn sie jedem hilft, seinen Weg zu Gott zu finden«

EREMO ST. ROMUALD, DIEKHOLZEN/HILDESHEIM

Das Eremo St. Romuald wurde 2013 gegründet und gehört seit 2019 zur Benediktinischen Kongregation von Camaldoli/Italien. Drei Fachwerkhäuschen und eine separat stehende kleine Kapelle rund um eine teilweise überdachte Grünfläche – so präsentiert sich mir die ehemalige Kartause. Sie grenzt an einen Bauernhof, ansonsten sieht man rundherum viel Grün – Wiesen, einige Wäldchen – und spürt unmittelbar die Stille und kommt zur Ruhe.

Die Immobilie der Einsiedelei – *Eremo* heißt *Einsiedelei* – gehört dem Bistum Hildesheim, die Brüder haben sie sorgfältig renoviert und umgebaut. Alles soll nicht nur der Funktion entsprechen, sondern auch ästhetischen Ansprüchen genügen, denn »Gott ist schön«, betont Bruder Benedikt Maria, daher müssen auch die Räume, in denen man lebt, schön gestaltet werden.

Ich bekomme eines der zwei Gästezimmer – mehr sind es nicht. Wenn ich aus dem Fenster schaue, sehe ich einen Teich, Enten laufen herum, gelegentlich hört man einen Kuckuck rufen. Neben den gemeinsamen Gebetszeiten und der täglichen Eucharistiefeier gehört eine Stunde Kontemplation vor dem ausgesetzten Allerheiligsten zum Tagesbeginn. Diese Stunde legt jeder möglichst so, dass zu einem Teil der Zeit alle gemeinsam im Raum sind – ein Zeichen dafür, dass man sich gemeinsam auf dem Weg weiß. Bruder Benedikt Maria und Bruder Fabian brechen danach zu ihrer Arbeit auf, der eine in die Krankenhausseelsorge, der andere in eine Behinderteneinrichtung, wo er derzeit als Erziehungshelfer arbeitet. Bruder Jeremias ist oft im nahegelegenen Benediktinerinnenkloster Marienrode und gibt dort kontemplative Exerzitienkurse. Bruder Bernd hat Aufgaben rund um das Haus. Wenn es gut geht, treffen sich alle zum Mittagessen.

Vom heiligen Romuald, dem Gründervater von Camaldoli, stammt das Wort von den »Dreifältigen Gaben« für das Mönchsleben: Welt – Gemeinschaft – Einsamkeit. Das ist auch die Richtschnur der Brüder in der Einsiedelei St. Romuald. Als »halb-eremitisch« bezeichnen sie sich. Im Gespräch wird dies näher erläutert. Die Art und Weise des Essens ist dafür ein Beispiel: Morgens und abends isst jeder alleine in seiner Zelle. Das gilt auch für mich als Gast. Sogar eine Kaffeemaschine habe ich auf dem Zimmer. Nur mittags wird gemeinsam gegessen und dabei wird gesprochen. Vormittags kommt an einigen Tagen in der Woche eine Köchin, Gabi, von der auch das Rezept für die Nussecken stammt.

Das halb-eremitische Leben erproben

Gespräch mit der Gruppe sowie dem Oberen,
P. Benedikt Maria Lindemann

Die Allermeisten von euch kennen auch das Leben in großen Gemeinschaften.

J: Als ich 1987 in Meschede/Königsmünster eintrat, waren wir über achtzig Mönche. Das hat unglaublich Eindruck gemacht, war aber ein völlig anderes Leben, als ich es mir vorher hätte vorstellen können. Da ist mir immer noch unser Novizenmeister in Erinnerung, wenn er ***Stabilitas*** erklärt hat: ***in Bewegung bleiben***. Das hat mir einfach gefallen.

Nach dem Noviziat habe ich ihn gefragt, was heißt denn jetzt eigentlich »geistliches Leben«? Und das fragte ich nicht mit einem irgendwie spitzen Unterton, sondern meinte wirklich: Was meint es denn jetzt? Ich habe in der Gärtnerei gearbeitet, dann das normale Programm, wie man es kennt vom Tagesablauf her: Stundengebet, Gemeinschaft, Essenszeiten. Aber was ist es denn jetzt? Und dann gab er eine Antwort, für die ich ihm heute noch dankbar bin, die ich damals nicht verstanden habe und so ein bisschen salopp fand: »Ich weiß es nicht, mach dich auf die Suche.«

Ich glaube, dass beide Aspekte stimmen: Es ist nichts, was wir wissen, und: »Mach dich auf die Suche«. Da hat er etwas in mir angesprochen, das sowieso da ist, aber wo ich jedem auch nur wünschen kann, da bei sich zu bleiben. Ich glaube, das hat mit Stabilität zu tun. Und so, glaube ich, sagen zu dürfen, bin ich wirklich weitergegangen.

Meditieren und in die Stille gehen hatte mich immer schon interessiert, auch wenn ich anfangs eher hilflos auf dem Bänkchen saß. Dann kam mein Studium in München und zuvor hatte ich durch den Jesuiten P. Köster die Betrachtung in ignatianischer Weise kennengelernt. Im Zusammenleben mit Bruder Benedikt erkannte ich die Sinnsuche in der Tiefe als Gemeinsames und bin durch ihn auf das Haus Gries von P. Franz Jalics aufmerksam geworden. Das fiel für mich genau in eine Zeit, in der ich Unterschiedlichstes gesucht habe, auch, was in der katholischen Kirche nicht zu Hause ist. Das reichte bis in den Bereich von Esoterik und therapeutischen Sitzungen mit chemischer Unterstützung, sprich Drogen, also sehr viel Verschiedenes.

Für mich war das genau der richtige Zeitpunkt und so bin ich ein Jahr im Haus Gries gewesen, beim P. Franz, und daraus ist die Exerzitienarbeit entstanden, die mein Alltag geworden ist bis heute. Aber das Suchen geht weiter. Bis jetzt.

Wie geht es weiter?

J: Der aktuelle Generalabt der Kamaldulenser ist Italiener und er hat Intuition. Er kann keine wirkliche Ahnung haben von der deutschen Pastoral, aber er hat einen visionären Kanal, wie auch immer. Das war wie ein Moment, wenn der Himmel mal so eine Art Pause hat. Da sagte er: »Und für euch in Deutschland, höchstens vier.« Das hat auch ein bisschen mit italienisch-deutschen Verhältnissen zu tun, aber die Einschätzung ist: Die Deutschen fangen sofort an zu strukturieren. Die Unmittelbarkeit bleibt viel leichter gewahrt in einer kleinen Gruppe. Er sagte: »nicht mehr als vier«. Und das nehmen wir uns dankbar als Weisung.

Deswegen willst du weiterziehen?

BM: Jetzt hast du die Begründung. *(Lachen)*

J: Der nächste Ort ist auch schon im Blick, das ist in der Nachbarschaft und wird eine neue kleine Einsiedelei werden, Eremo St. Marien in Söder. Ich möchte dort hingehen als Teil der Gemeinschaft und als Erweiterung des Modells. Das sieht so aus, dass ich dort wohnen kann und Platz ist für zwei weitere, die ich aufnehmen kann, die Stille Tage machen möchten. Eins plus zwei sagen wir. Oder man müsste etwas anbauen, wie auch immer, dann wäre es für zwei Mönche geeignet. Jedenfalls ist es noch kleiner als hier.

Lebenswege

B: Während meiner Jugend und meiner Ausbildungszeit war ich in der Jugendarbeit meiner katholischen Heimatgemeinde engagiert. Mich hat die Offenheit und Aufbruchstimmung des damaligen Zeitgeistes und des Zweiten Vatikanums erfüllt und geprägt. Noch während meiner Ausbildung entschied ich mich, mit Menschen in sozialen Notlagen arbeiten zu wollen. Nach meinem Studium habe ich dann zunächst als Sozialpädagoge in der Jugendarbeit und in einem Heim für lernbehinderte Jugendliche gearbeitet und schloss mich nach einigen Jahren einer kleinen, abseits in einem Moor gelegenen »Selbstversorger-Lebens- und Arbeitsgemeinschaft« an. Da sich aber bald für mich herausstellte, dass dort im Zusammenleben eine spirituelle Ausrichtung zu wenig ausgeprägt war, verließ ich diese Gemeinschaft. Ich habe zunächst als Tischler gearbeitet und schließlich für fast dreißig Jahre als Sozialpädagoge. Nach einer entsprechenden Ausbildung war ich auch als Suchttherapeut tätig, und zwar in drei ambulanten Suchtberatungs- und

Behandlungsstellen und zusätzlich in einem Jugendgefängnis. Mit ungefähr achtzehn Jahren begann ich mit Meditation, der »Transzendentalen Meditation«, die aus dem Hinduismus kommt. Als ich dann bemerkte, dass das Unternehmen, man kann sagen, doch sehr wirtschaftlich orientiert war, bin ich dort ausgestiegen und nach einiger Zeit zum Zen, zur ZaZen-Meditation der Soto-Schule gekommen, mit deren Literatur ich mich bereits seit vielen Jahren beschäftigt hatte. ZaZen habe ich täglich praktiziert und bin regelmäßig zu Sesshins in verschiedenen Dojos gefahren.

Nach etwa acht Jahren musste ich erkennen, dass das, was mich ursprünglich angesprochen hatte, nämlich die Geradlinigkeit, die Klarheit und auch die Strenge letztendlich der Öffnung meines Herzens nicht zugutekam, sondern eher das Gegenteil in mir bewirkt hatte. In dieser Krise kam ich über einen Gebetskreis zum kontemplativen Gebet nach Franz Jalics. Das praktiziere ich seitdem täglich, und ich habe in der Vergangenheit all meine Urlaube und Überstunden in kontemplativen Exerzitien verbracht. Über kontemplative Exerzitien haben wir uns auch kennengelernt, zunächst Jeremias, dann bei meinem bald danach erfolgten ersten Besuch Benedikt. Es folgten regelmäßig weitere Aufenthalte hier, wobei ich in dieser Zeit noch berufstätig war.

Im Rahmen dieses ganzen Mäanderns war ein Wort für mich wichtig, das ich bei Gregor dem Großen gefunden hatte, sinngemäß: »Je mehr du erkennst, wie schnell das Zeitliche vergeht, umso inständiger hast du nach dem Unendlichen, nach dem Ewigen zu trachten.« Als ich das so las, traf es mich mitten ins Herz und ich dachte: Ja, das stimmt. Das ist wahr. So hat es sich gefügt. Seit 15. Juli 2019 bin ich nun hier. Die feierliche Aufnahme als Klaustral-Oblate wurde dann im September 2021 am Fest Mariae Geburt in Camaldoli vollzogen. (Klaustral-Oblaten sind Brüder, die das Leben der Gemeinschaft teilen, aber aus verschiedensten persönlichen oder kirchenrechtlichen Gründen nicht den klassischen Weg zur Profess gehen.)

F: Ich bin hier hinter dem Hügel, dort drüben, groß geworden, in klassischem Pfarrleben und mit den Benediktinerinnen von Marienrode. Dann habe ich meinen Zivildienst in der Jugendpastoral des Bistums absolvieren dürfen, war ein Jahr lang mit einer Art Pastoralteam unterwegs in den meisten Dekanaten und habe Gemeinschaft erlebt in den Pfarrgemeinden, mit den Priestern, mit den Schwestern. Wir waren als Ministrantengruppe sehr selbstständig, und im Zivildienst erlebte ich ebenfalls diese starke Gemeinschaft, immer wieder an den verschiedenen Orten, sowohl im Team als auch mit den Leuten, mit denen wir etwas auf die Beine gestellt haben. Da konnten die Sinne wachsen: Was will Gott von mir? So die Berufungsfrage. Ich spürte als Antwort: O. k., ich will es mal versuchen mit dem Priesterwerden. Im Studium in Wien war für mich zwei Jahre lang das regelmäßige Gebet in Gemeinschaft bestimmend, vor allem bei den Benediktinern im Schottenstift. In der Schotten-WG habe ich immer montags bis freitags die *Laudes* mitgebetet. Das ist das Fundament, der Nährboden, um das Hinhören zu lernen. Darauf fußt aber auch der Wunsch, ganz unabhängig vom Religiösen oder Christlichen herauszufinden: Wie geht Gemeinschaft, wie funktioniert gute Gemeinschaft? Ich habe in den Jahren in Österreich aber auch darüber hinaus immer wieder Gemeinschaftsleben von Ordensleuten in anderen Klöstern kennengelernt. Benedikt habe ich dann in einer historischen Klosterkirche, in St. Godehard hier in Hildesheim, kennengelernt. Er kam 2013 aus Jerusalem, der Dom war geschlossen, in St. Godehard lief die Liturgie der Kar- und Ostertage. Ich wusste: den möchtest du kennenlernen. Der hat was, da war was. Seitdem waren wir in Kontakt. Ein Jahr später bist du, Benedikt, hierhergezogen und dann war ich immer wieder auch mal da, und über all die Jahre war für mich klar: Wenn es darum geht, Berufung fürs Kloster zu prüfen, ist hier der Ort dafür.

Ich bin nach meinen drei Kaplansjahren hier eingetreten, wir haben eine Postulatsaufnahme gemacht, im September 2021 bin ich ins Noviziat aufgenommen worden und dann war ich für ein Noviziatsjahr in Camaldoli und habe im Februar 2023 meine Zeitliche Profess abgelegt, und jetzt bin ich hier.

Was zählt

B: Für mich ist Offenheit und Weite wichtig. Wenn ich zum Beispiel jeden Tag zehn Rosenkränze beten müsste, das wäre für mich schwer möglich. Es ist nicht »mein Gebet«. Es gibt eine Struktur und das finde ich richtig, wichtig und hilfreich. Aber da habe ich immer wieder Zweifel, sodass auch hier Offenheit notwendig ist, dass eine Suchbewegung weiter möglich bleibt.

Struktur, Offenheit und Weite, das sind für mich sehr wichtige Begriffe. Dazu gehört durchaus auch die Begegnung mit Andersdenkenden, mit anderen Kulturen und Religionen. Ich glaube und erfahre immer wieder, dass dies für mich sehr hilfreich ist, um die eigene Gottessuche oder die eigenen Wege verstehen zu können. Offenheit und Weite, die sind mir sehr wichtig, und ich meine, dass ich das hier erstmal gefunden habe.

Gerade weil wir eine kleine Gruppe, ein kleiner Konvent sind, ist die Dynamik natürlich noch viel intensiver, da ein Ausweichen und Ablenken viel weniger möglich ist. Das ist nicht immer leicht. Doch letztendlich ist das auch eine große Chance – um in der Sprache der Wüstenväter zu sprechen –, dem Ego, den eigenen Selbstverliebtheiten, den eigenen Dämonen auf dem »Weg zur Reinheit des Herzens« immer mehr auf die Schliche zu kommen, ihnen nachzugehen, nachzufühlen und sie schließlich abschmelzen lassen zu können, im Gebet, in der Stille. Das ist etwas, was eine große Intensität, eine – ich nenne das mal so – Radikalität hat, die mich anspricht, die ich für unumgänglich halte, auch wenn ich oft gerne darauf verzichten würde. Aber da komme ich ja nicht drum herum.

Welche besonderen Formen und Rituale kennt ihr hier?

J: Den Friedensgruß. Wir feiern ihn in der Messe dort, wo er eigentlich hingehört: vor der Gabenbereitung, nach der Stille nach dem Evangelium. Wir sagen nicht nur einfach: »Der Friede sei mit dir«, sondern praktizieren das mit denen, die morgens da sind, indem wir uns in den Arm nehmen. Ich würde diese Geste nicht unterschätzen. Das heißt: Wir wünschen uns wirklich den Frieden und legen nicht einfach Wangenknochen an Wangenknochen.

Egal, was ist im Miteinander, auch wenn es mühsam ist und etwas schiefgelaufen ist: Man hat sich jeden Tag einmal richtig in den Armen gelegen. Das ist auch eine Sprache. Wir werden so körperarm. Wenn wir das wirklich praktizieren, geschieht da etwas.

In der Zeit, als Benedikt Maria und ich noch allein waren, das waren Jahre, war wirklich die Frage: Wie feiern wir die Liturgie? Wir hatten Gott sei Dank in dieser Zeit die innere Freiheit im Erleben, im Vollzug. Es war keine Unterbrechung, stattdessen konnten wir uns sagen: Nein, so stimmt das nicht. Und dann haben wir es am nächsten Morgen neu probiert. Was heute so selbstverständlich ist, ist irgendwie auch geworden. Und weil es stimmig ist, denkt jeder, das sei normal.

BM: Und es lässt uns die Offenheit, das jetzt nicht zu zementieren, sondern weiter für Neues offen zu bleiben. Für mich ist die Vorstellung schrecklich: Die Revolutionäre von heute sind die Reaktionäre von morgen. Das, was wir 2020 geschaffen haben, muss jetzt so in alle Ewigkeit bleiben. Das erleben wir im Moment in der Kirche, in vielen Klöstern, und deswegen muss es zerbrechen. Ich denke dann, das darf auch nicht mehr leben, kann auch nicht mehr leben. Dass wir diese Offenheit behalten, ist wichtig. Wir haben unsere Klausurwochen, in denen dann eben keine Gäste da sind. Oder wir haben Klausurtage, in denen wir miteinander planen, die Liturgie, den Alltag, Gästepläne besprechen, uns an die Köppe kriegen usw. Diese Dinge habe ich in der großen Gemeinschaft nicht so erlebt, das ist hier viel unmittelbarer möglich und nötig. Und nervig – nicht schon wieder! Gleichzeitig merke ich: Wenn es lebendig bleiben soll, dann ist es so. Das ist für mich eine Marge für Gemeinschaftsleben: Man muss bereit sein, mehr zu geben als zu nehmen. Ich komme da auch an meine Grenzen in der kleinen Gemeinschaft. Es ist oft so intensiv und nervig, wenn wir die Dinge immer wieder diskutieren und es dann immer noch eine Frage gibt ... Die Jungen (*er schaut auf Bruder Fabian*)! Wenn Benedikt in seiner Regel schreibt, den Jüngeren gibt der Heilige Geist am meisten ein ... Dann denke ich: »Herr, hör auf mit deinem Segen!« Verstehst du? Wenn ich höre: »Ich hab mal 'ne Frage« – dann krieg ich schon Hörner.« *(Alle lachen)*

F: Wie wir miteinander umgehen, das ist das eine, ob strukturell oder liturgisch gesehen oder in Bezug auf Alltägliches wie das Essen. Für mich ist aber ganz entscheidend: Wir setzen uns auch so zusammen und können uns austauschen und sind gewillt, uns Rechenschaft zu geben. Oder uns zu erzählen, wie es uns wirklich geht.

Danach habe ich gesucht, unterbewusst oder bewusst, als ich andere Gemeinschaften kennengelernt habe. So würde ich selbst Gemeinschaft gestalten, auch in Bezug auf Pfarrgemeinde. Man muss sich fragen: Wie kann das gutgehen? Was tut denen gut, die dabei sind, und was bringt uns voran?

BM: Es ist schon ein intensiveres Miteinander-Leben. Wir können uns nicht aus dem Weg gehen. Wir haben möglichst täglich eine Viertelstunde gemeinsam, in der wir organisatorische Dinge besprechen oder mitteilen, was ist im Moment dran. Ein anderes Beispiel: Wir haben die Karwoche liturgisch so gestaltet, dass auch eine *Culpa* Platz fand. (*Culpa*, dt. »Schuld«, ist ein alter Brauch, in dem man voreinander bekennt, was man an sich in der vergangenen Zeit als schuldhaft erlebt hat, danach wird durch den Oberen oder durch die Brüder untereinander gegenseitig Vergebung zugesprochen. Die meisten Klöster haben dies inzwischen abgeschafft.)

BM: Wir haben auch einen Salbungstag eingeführt am Montag. Das sind liturgische Formen, die uns mit einbeziehen, bei denen wir miteinander in liturgischer Form sind. Aber das ist etwas ganz Persönliches, um nicht zu sagen Intimes, einander so zu berühren, einander zu salben, oder auch die Culpa durchzuführen. Dann haben wir keine Gäste, da feiern wir unter uns die Messe und lassen uns viel Zeit dabei. So ist die Liturgie mitbestimmend für unser Miteinander.

B: Für mich ist ein wichtiger Leitsatz: »Bleibe in deinem Kellion«, d. h. in deinem Herzenskellion, und lass dort das, was dich gerade umtreibt, sich bewegen. Es muss nicht immer alles ausdiskutiert werden. Da haben wir sicher unterschiedliche Affinitäten und Bedürftigkeiten.

Das Ausdiskutieren-Wollen habe ich in meinem Leben und auch im Berufsleben ohne Ende gemacht und machen müssen und es hatte dort sicherlich auch seinen Sinn und Wert. Im Kern, in der Tiefe hat mich das aber nicht weitergebracht.

Ich sprach von Offenheit. Ein anderes Wort, das mir in diesem Zusammenhang wichtig ist, ist Schlichtheit. Man kann auch sagen Konzentration – Konzentration auf das Wesentliche. Das erlebe ich bei uns auch so, im gemeinsamen Gebet, in der Liturgie. Selbst wenn das Verständnis von Schlichtheit individuell verschieden ist, treffen wir uns da immer wieder. Es geht immer um Konzentration auf das Wesentliche. Und auch die Stille spielt dabei eine sehr entscheidende Rolle.

Halb-Eremitisch

BM: Ich komm noch einmal auf das Kamaldulensische zurück. Wir erfinden uns gerade neu. Einer der alten Kamaldulenser hat uns damals gesagt: Werdet gute Kamaldulenser, aber kopiert um Gottes Willen nicht Camalduli. Der jetzige General sagt: In Deutschland braucht es kleine Gemeinschaften. Und wir sind kein Jahrhunderte altes, gefestigtes Kloster, das ist vielleicht das, was Jeremias zum Ausdruck gebracht hat: in der Bewegung bleiben. Was uns wichtig ist, das kommt vom Kamaldulensischen, das Halb-Eremitische. Aber was meint das denn?

B: Vor allem, weil die Brötchen bezahlt werden müssen.

BM: Ja, genau. Wir wissen es selbst nicht. Sicher zählt aber dazu, dass jeder von uns noch mehr in die Stille geht, in die Meditation. Und dass wir eben nur das Mittagessen zusammen einnehmen. An Festtagen sind es vielleicht auch noch andere Mahlzeiten, oder wir treffen uns an einem solchen Tag. Aber Frühstück und Abendessen macht jeder für sich. Der Montag ist der Wüsten- oder Oasentag, an dem es keine gemeinsame Liturgie gibt. Dann »muckelt« jeder für sich herum und keiner kontrolliert den anderen. Der eine meditiert drei Stunden, der andere geht vier Stunden spazieren und der Dritte macht vielleicht einen Besuch im Museum oder was weiß ich. Das war so von Anfang an. Im Augenblick überlege ich, ob ich mit der halben Stelle vierzehntägig einen zweiten freien Tag brauche, weil die Grenze überschritten ist, weil so viel los war.

Der heilige Romuald spricht vom »Primat der Liebe«. Damit ist natürlich die Gottesliebe gemeint. Und darum muss es uns gehen. Eine geistliche Gemeinschaft hat nur dann eine existenzielle Berechtigung, wenn die Gemeinschaft jedem hilft, seinen Weg zu Gott zu finden. Wenn das nicht gegeben ist, in dieser Individualität, dann stimmt es nicht mehr. Das müssen wir uns jedoch ermöglichen. Daher kann es sein, dass der eine mehr Zeit und Auszeit braucht. Dann müssen die anderen eben mehr mittragen. Das bleibt ein Tanz, das bleibt eine Bewegung, das ist anstrengend. Aber es macht auch frei und es ist wunderschön.

B: Es ist immer wieder ein neues Ringen. Mal zwickt es bei dem, dann zwickt es wieder bei dem, aber eben nicht dauerhaft. Der Begriff Bewegung, so finde ich, passt da gut.

BM: Nochmal: Was ist halb-eremitisch? Für mich bedeutet das in erster Linie, dass ich mehr Zeit habe für die Meditation. Für mich war immer die Frage, mein ganzes Leben lang: Wie kann ich beten lernen? Das hat mir das Priesterseminar nicht gezeigt, das hat mir der Eintritt ins Kloster nicht gezeigt und auch nicht das Chorgebet, und, und, und. Wonach ich mich im Tiefsten gesehnt habe, nach einer innigen Gottesbeziehung, das habe ich erst über die Meditation, bei Franz Jalics und durch das Jesusgebet kennengelernt. Und das ist etwas, wo ich sage, das kann doch nicht sein! Ich möchte geistlich leben, ich möchte für Gott leben. Ich möchte eine Gemeinschaft, in der wir uns gegenseitig helfen, erinnern, ermutigen, trösten, bestärken, freuen, jubilieren – das möchte ich!

J: Wer das nicht sucht und die entsprechende Sehnsucht nach Offenheit, Dankbarkeit, Bereitschaft nicht mitbringt, der kann auch nicht hier leben. Das haben wir schon erlebt, der Betreffende ist dann wieder gegangen, und das war richtig so.

Halb-eremitisch zu leben zeigt sich auch in der Zeitstruktur

F: Wir fangen um 6 Uhr an mit *Laudes* und Eucharistiefeier, jedenfalls von Dienstag bis Samstag. Gegen halb acht kommt man aus der Kapelle. Dann gibt es ein paar kurze Absprachen. Anschließend kommt der eine um 7:29 Uhr, der andere um 7:43 Uhr, der nächste um 7:52 Uhr zur Meditation. Die Freiheit, wie man die Zeit nach der gemeinsamen Liturgie gestalten kann, aber auch die Verbindlichkeit und das Wissen, wenn wir uns oben gemeinsam versammeln – jetzt nicht als starre Form, es gibt keinen gemeinsamen Anfang – und gemeinsam in Stille sitzen, führt dazu, dass man auch gemeinsam besser sprechen kann.

Im Moment muss ich immer wieder morgens gleich nach der Liturgie in die Behinderteneinrichtung und arbeiten. Dann muss ich mir einen anderen Zeitpunkt suchen, an dem ich die Meditation machen kann. Oder es geht eben an diesem Tag auch mal nicht. Oder es ist keine volle Stunde.

BM: Ich fahre morgens nach der Meditation ins Krankenhaus und komme mittags zurück. Wobei ich derjenige bin, der am spätesten, wenn überhaupt, zur ***Mittagshore*** kommt. Bei den Kranken kann man nicht pünktlich weggehen. Was aber vielleicht auch noch zu dem Halb-Eremitischen gehört: Wir geben einander Zeit im Jahr, sich zurückzuziehen. Ein paar Wochen. Zum Beispiel nach Süddeutschland in eine Eremitage oder wohin auch immer. Aber nicht, um dann nach Honolulu oder auf die Bahamas zu fliegen, sondern um sich zurückzuziehen und in die Meditation zu gehen. Und den Luxus, den wir uns da erlauben, wo andere vielleicht sagen: Was können die sich da erlauben! Ja, diesen Luxus leisten wir uns, weil es uns wichtig ist, jedem von uns das zu ermöglichen: Und jetzt gehst du ein paar Wochen in deine Stille, so, wie du das brauchst. Wir können einander vertrauen, weil wir wissen, spüren, dass jeder von uns auf der Suche ist. Jeder für sich und wir miteinander ringen um diese Gottesliebe und Gottessuche.

Ich habe vor unserem gemeinsamen Gespräch gesagt: Ich war noch nie so frei wie jetzt. Und das ist nicht Freizügigkeit, sondern eine innere Freiheit, so konnte ich noch nie beten und in der Art habe ich noch nie von einer Gemeinschaft die Möglichkeit bekommen, so zu beten, auch in der Quantität beten zu dürfen, wie das hier der Fall ist. Das finde ich den größten Reichtum, den mir dieses Halb-Eremitische schenkt, das wir uns einander hier schenken. Das macht mich glücklich!

J: Dazu kommt, dass unsere Gemeinschaft einen Ort in der Kirche hat. Ich sage immer gerne, wir sind eine monastische Alternativbewegung. Oder, kritisch gesagt im Blick auf Kirche, die sich mehr und mehr in Strukturierungen verfängt und das trotz bestem Willen, Wissen und Gewissen vielleicht nicht merkt, und wie im Buch von Thomaš Halík »Nachmittag des Christentums« zu lesen ist: Der größte Konkurrent der Kirche ist heute die Spiritualität, nicht mehr die Säkularisation. Und dieses im Sinn von Freiheit und Offenheit. Spiritualität tritt längst über die Ufer der Kirche und damit hat sie ihre Schwierigkeiten. Das ist das, was die Leute spüren, auch die, die hierherkommen. Es sind nicht viele, wir haben auch nicht viel Raum, Gott sei Dank, es ist jedoch ein stetiges »Rinnsal«.

Gäste und Klausur

B: Wenn wir in zwei, drei Wochen eine Klausurwoche haben, in der wir keinen Gast aufnehmen, dann ist das schon eine Anstrengung, den Anfragen nicht zu entsprechen. Wenn wir noch ein weiteres Zimmer mit einem Bett hätten, dann würden wir das sicher auch oft belegen können. Die Ausnahme würde dann schnell zur Regel werden. Aber dass das ständig im Fluss ist, ist auch gut.

Ich war eben kurz draußen, als du von Bernardino, dem früheren Generalprior von Camaldoli, berichtetest. Er hat noch dazugesagt – da habe ich erst einmal Luft holen müssen: »Lasst euch von den Gästen zeigen, wie es kamaldulensisch geht.« Das fand ich stark. Das ist eine Spannung, die muss man erst einmal durchleben.

F: Da kommen Leute aus der Stadt, um sich hier hinzusetzen. In die Stille. Das ist schon toll. Wir hatten eine Generaloberin für zwei Wochen da, dann ging sie zurück zu ihren Schwestern und eine Schwester fragte bei uns nach: »Sagt mal, habt ihr bei euch da einen Beautysalon?« Wir möchten ein ***geistlicher Beautysalon*** sein für die Gäste, die kommen. Aber das kann man nicht erzwingen. Wenn die Leute am Ende sagen: »Ihr seid so menschlich hier und ich habe mich einfach wohlgefühlt« – was willst du mehr? Bei der Frage, was es im Alltag bedeutet, halberemitisch zu leben, komme ich immer wieder an Grenzen. Ich denke dann: Jetzt haben wir für Wochen unsere paar Betten irgendwie belegt. Und wie ist das dann, wenn wir wirklich allein, unter uns sind?

BM: Klausur – das war jahrelang unser Thema, und ich glaube, da sind wir immer noch nicht mit fertig. Wo ist wirklich die Klausur und wen lassen wir noch hinein und wen nicht? Wie wichtig Klausur ist, habe ich hier erst kennengelernt oder festgestellt. Ich habe es jahrelang gelebt in Meschede und auch in Jerusalem, alles war wichtig. Aber hier ist es mir wirklich als eine Notwendigkeit vorgekommen.

Hierarchie und Leitung

F: Also, so sehr wie ich hier gefragt und gehört werde oder gefragt bin und gehört werde, das ist unvergleichlich. In Camaldoli war ich im Noviziat und wurde nicht gefragt. Hier muss ich aufpassen, weil die Hierarchie natürlich sehr flach ist.

Damit du nicht selbst zu viel steuerst?

F: Das müssen jetzt die anderen vielleicht sagen ... Ich kann hier problemlos meine Fragen, meine Ideen einbringen oder auch mal auf etwas hinweisen. In der großen Gemeinschaft ist das nicht möglich oder auch nicht angebracht. Ich muss aufpassen, dass ich Vertrauen darauf habe: Ich muss nicht zu allem meinen Senf geben, denn das läuft schon so. Die Herausforderung ist, dann aber eben doch für alle, bei allem mitzudenken. Und das heißt auch, bei allem mitzuentscheiden und die Entscheidungskompetenz dennoch den anderen zu überlassen.

B: Ja, das gestaltet sich für jeden anders. Die Dynamik unter uns verändert sich ja immer wieder, spätestens mit jedem neuen Anwärter und mit jedem neuen Mitglied. Aus meiner Sicht gibt es bei uns keine »Gleichen«, keine »Basisdemokratie«. Die Herausforderungen, die sich dadurch ergeben, sind natürlich von Person zu Person sehr unterschiedlich.

Ich selbst empfinde es für mich manchmal schon als schwierig, von Entscheidungen und Veränderungen, die auch mich betreffen, erst dann zu erfahren, wenn sie bereits getroffen worden sind. Gleichzeitig bewerte ich das als Herausforderung, als ein Lernfeld, sich dieser Situation und den dabei auftretenden Gefühlen und den sie ausdrückenden inneren Haltungen zu stellen.

BM: Liturgische Dienste übernehmen wir reihum, und in so einer kleinen Gemeinschaft muss man dann flexibel sein. Oder einer kauft das meiste ein, für die Küche zum Beispiel und für die Gäste.

Ab und zu gibt es während des Essens eine gemeinsame Tischlesung. Wenn mehr Gäste da sind, nehmen wir das als Instrument, damit auch mal Ruhe reinkommt und die Gespräche ein Ende finden.

J: Ich finde die Frage nach der Hierarchie ist wichtig und richtig. Aber dann lande ich direkt wieder bei dem Gedanken, dass wir die Möglichkeiten haben, uns sehr vertraulich miteinander auszutauschen, das wäre gar nicht denkbar in einer klassischen Hierarchie. Dadurch dass das eben geschieht, ist es noch flacher als eine flache Hierarchie. Das bedingt einander.

BM: Alle vier bis sechs Wochen gibt es bei uns sogenannte Wir-Runden. Wir stellen uns Fragen wie: Wie geht es mir, wie geht es dir? Das sind sehr ehrliche, manchmal auch bewegende Runden, in denen wir einander viel voneinander zeigen. Da wächst noch einmal die Brüderlichkeit, die Wertschätzung, um nicht zu sagen die Liebe füreinander. Zu wissen, wo der andere geistlich steht, wie es ihm geht – das funktioniert nicht in der großen Gruppe, da hast du nicht das Vertrauen, dich zu öffnen. Vielleicht ist selbst bei uns das eine oder andere nicht aussprechbar, aber es kommt doch so zur Sprache, dass wir das in der Form miteinander teilen können. Das ist eine Stärke unserer Gemeinschaft: der Respekt, die Achtung voreinander.

J: Ein Stichwort ist vorhin gefallen: Verletzbarkeit, sich verletzlich zu zeigen. Auch da gibt es natürlich graduelle Unterschiede, ist ja ganz klar. Aber vom Grundsatz her, also inwieweit ich bereit bin, die Maske zu lüften oder ganz runterzulegen, nur ganz kurz oder auch länger, das ist schon etwas, das Auswirkungen auf jeden selbst, aber auch auf die Gemeinschaft hat.

Ich glaube, erstmal unabhängig vom Vertrauen in der Gruppe geht es darum, dass man lernt, sich selbst zu vertrauen und Vertrauen zu zeigen. Was dann auch auf das Vertrauen in der Gruppe Auswirkungen hat. Diese Verletzbarkeit, das finde ich wichtig, besonders im Rahmen der liturgischen Momente während der Karwoche, der *Culpa* oder der Fußwaschung, in denen man sich verletzlich macht und zeigt. Ohne Gäste. Das hat einen großen Wert für die Gemeinschaft, aber auch für jeden Einzelnen.

BM: Was mir zum Beispiel noch fehlt, ist, dass wir zu wenig miteinander unternehmen. Also mal eine Tour machen oder etwas gemeinsam anschauen. Es gibt Felder, an denen wir noch arbeiten. Am Ostermontag haben wir unseren Emmausgang gemacht, anschließend waren wir miteinander im Restaurant essen. Das ist einfach schön, so etwas außerhalb von Eremo St. Romuald zu unternehmen.

J: Die Lockerheit und der Humor, rumgackern zu können miteinander. Ja, das haben wir. *(Alle Lachen)*

Wie werdet ihr das machen, wenn jemand pflegebedürftig wird? Wollt ihr, könnt ihr dann hierbleiben? Oder habt ihr das noch gar nicht im Blick?

F: Wir gackern darüber nur rum, ich sag immer, ich schiebe euch drei dann im Rollstuhl. Wir sollten jetzt schon mal sparen für Treppenlifte und einen Umbau. Gerade die Gebetsräume sind nicht ebenerdig.

(Nach einigem Überlegen kommt dann der Hinweis auf eine Pflegeeinrichtung:)

J: Ich sage mal: Wenn es hier nicht mehr ginge und jemand absolut pflegebedürftig würde, dann wäre für uns höchstwahrscheinlich das Paulusheim der Vinzentinerinnen eine Möglichkeit, zu denen wir einen guten Kontakt haben. Aber hier an dem Ort zu bleiben, was wahrscheinlich der größte Wunsch ist, wäre eine große Herausforderung. Was das dann heißt, dem haben wir uns so noch nicht gestellt.

J: Grundsätzlich glaube ich – da können wir uns alle anschließen, das rührt mich jetzt richtig –, das wäre einfach, dass wir miteinander in der Liebe wachsen. Von der Wirkung her ist der nächste Schritt nach Söden in die neue Eremitage das eine. Vielleicht tut sich auch noch etwas anderes auf. Es dürfen ruhig mehrere kommen, aber wir suchen nicht danach. Wir machen auch keine Öffentlichkeitsarbeit, legen keine Flyer aus. Aber wenn es sich so fügt, dass weitere Brüder kommen und wir bei dieser Viererstruktur bleiben, sich ein kleines Netz von kleinen Zellen in der Region bildet, dann wäre sicherlich der nächsten Schritt, in eine andere Diözese zu gehen, das würde mich freuen. Das kann ich mir wünschen, aber es ist nicht so, dass ich das anziele. Ich bin von diesem »Werdegang« so überzeugt, weil ich glaube, dass in der heutigen Zeit über uns hinaus, was Kirche angeht, genau das im Moment die »Struktur« ist, in der sich der Geist heimisch fühlen kann.

Ich würde mir wünschen, weiterzugehen, bis wir mit der Kirche wieder mehr am Grund angekommen sind und sie von da her wieder anders aufwachsen kann. Ich glaube, das Große muss erstmal klein werden. Solche Zeiten gab es immer. Und darin sehe ich auch uns heute im großen Fluss eingebettet.

Wir beten um Nachwuchs für die Kirche und die Klöster. Aber wie es geschieht, das auch loszulassen, das nochmal ins Wort zu bringen von unserer Geschichte her, ist vielleicht gut. Wir waren beide in Israel in der Verantwortung, du als Abt in Jerusalem, ich als Prior in Tabgha, und dieser irgendwie unbewusste Druck von der Kommunität: Wie geht das weiter, die Suche nach Nachwuchs, das haben wir ständig gespürt. Wie offen du auch immer bist, aber in jedem 25-jährigen Dahergelaufenen sieht irgendeine Ecke in deinem Hirn doch den möglichen Kandidaten. Und das wirklich loszulassen, ist uns geschenkt worden, so möchte ich es einmal sagen. Wir haben uns gesagt, wenn wir beide uns allein gegenseitig den Rollator hinterherschieben, dann haben wir unseren Lauf vollendet, es ist gut und wir sagen Danke. Das ist wirklich so gemeint. Das war nicht gedacht, sondern gefühlt, gefunden, das ist gewachsen. Dass dann trotzdem Bernd und Fabian gekommen sind und jetzt noch ein weiter Bruder kommt, das ist ein Segen.

B: Frieden! Frieden in der Welt, Frieden durch mich, Frieden in mir. Was das genau und konkret für die tägliche Lebenssituation bedeutet, kann ich gar nicht sagen. Es gibt da für mich ein Leitwort des Wüstenvaters Evagrius Ponticus: »Mönch ist, wer von allem getrennt und mit allen in Harmonie vereint ist.« Aber davon bin ich meilenweit entfernt.

F: Ich möchte erst einmal bei mir selbst schauen, weiter Mönch dieses Klosters werden, das ist das Baustellenschild. Dass es da gut vorangeht, dass da Reifung passiert, wie es im Tagesevangelium hieß: dass die Rebe am Weinstock bleibt und wächst. Ich habe viele Wünsche für die Kirche, mir tut das Herz weh, wenn es so sehr den Berg hinunter geht in den Gemeinden. Der ganz kleine Schwung, der da drinsteckt, dass wir da Teil davon sein dürfen, dass dieser Schwung lebendig bleibt, der uns von Christus mitgegeben ist als Kirche – das ist ein Wunsch, aber da gibt es kein Rezept. Natürlich gibt es so etwas wie Rezepte, zum Beispiel, dass man versucht, Gemeinschaft auf eine gute Art und Weise zu leben. Wir haben gute »Zutaten«, die könnten von mir aus auch gerne woanders umgesetzt werden. Aber man kann das nicht »machen«. Ich fände es schon toll, wenn so ein Netzwerk aus kleinen Zellen entsteht.

BM: Als ich damals hier angefangen habe, gab es ein paar, die zum Verein (e. V.) gekommen sind und uns wirklich ernsthaft unterstützt haben. Es gab aber auch viel Gegenwind, Menschen, die fragten: »Hat der sie noch alle?« Oder: »Der könnte jetzt ein anderes Kloster reformieren!« Andere sagten: »Was hast du Mut!« Das stimmt nicht. Ich bin eher ein ängstlicher Typ. Aber was ich habe, ist Vertrauen. Ich habe das gespürt, ich bin meinem Herzen gehorsam geblieben an den wesentlichen Punkten meines Lebens, selbst wenn es mir dann körperlich schlecht gegangen ist. Wenn ich denke, wie es damals hier ausgesehen hat, als wir anfingen, dann denke ich heute: Sag mal, geht es noch? So ein Schritt, und was daraus gewachsen ist! Und ich merke, dass ich mich immer wieder überraschen lassen darf.

Ich habe wirklich Lust, weiterzumachen. Und Er führt uns auch. Das, was wir hier leben, macht mich glücklich. Ich war noch nie so frei. Ich möchte darin wachsen und das lebendig halten. Wenn das ein Wunsch ist, dann ist das mein Wunsch. Da habe ich Lust zu. In diesem Sinn möchte ich immer mehr Benediktiner oder Kamaldulenser werden: Wir sind gesegnet, um zu segnen.

Ein sehr schönes Schlusswort, ich danke euch!

Nussecken à la Gabi, der wunderbaren Köchin in St. Romuald

Zutaten Teig:

- 125 g Butter
- 100 g Zucker
- 2 Eier
- 300 g Mehl
- 1 TL Backpulver
- 1 Päckchen Vanillezucker

Belag:

- 200 g Aprikosenmarmelade
- 175 g Butter
- 130 g Zucker
- 1 Pck. Vanillezucker
- 400 g Nüsse
- 200 g Zartbitter-Kuvertüre

Zubereitung:

Alle Teigzutaten miteinander verkneten. Teig auf das Backblech geben, glatt drücken. Marmelade auf dem Teig verteilen. Die Butter schmelzen lassen, die übrigen Belagzutaten hinzufügen, unter ständigem Rühren kurz köcheln lassen. Nussmasse auf dem Teig verteilen, glattstreichen. Im vorgeheizten Ofen (180°) ca. 25–27 Minuten backen.

Den noch warmen Kuchen in Dreiecke schneiden und je eine Ecke mit Kuvertüre oder Schokolade besprenkeln.

Was nachklingt

Der Ort wirkt romantisch und wohlgeordnet zugleich. Das Leben der Brüder ist eher streng, aber auch voller Lebensfreude. Jeder hat einen mehr oder weniger langen inneren und äußeren Weg zurückgelegt, bis er an diesem Ort angekommen ist. Der eine oder andere wird wohl auch wieder von hier weg- und weitergehen. Für jetzt sind sie angekommen und legen ihre vielfältigen Erfahrungen mit der Welt, dem Gemeinschaftsleben, der Einsamkeit – den Kernthemen des heiligen Romuald – zusammen.

Auffallend ist, wie sehr immer wieder zwischen den Erfordernissen der Gemeinschaft und dem, was jeder für sich und für seine persönliche Entwicklung als lebensförderlich erkannt hat, konstruktiv ausbalanciert wird und wie sehr sich alle gegenseitig große Freiheit lassen, im Vertrauen darauf, dass jeder in Verantwortung vor Gott und der Gemeinschaft handelt. Das Gebet und der Weg zu und mit Gott steht eindeutig im Vordergrund. Dies immer neu ausloten zu können, ist ihre Form von Freiheit. Das Eremo St. Romuald ist sicher kein Ort für jeden, aber die, welche ihren Weg hier gehen, sind für sich auf der richtigen Spur: Noch einmal ein Zitat: »Ich war noch nie so frei wie jetzt. (...) in der Art habe ich noch nie von einer Gemeinschaft die Möglichkeit bekommen, so zu beten, auch in der Quantität beten zu dürfen, wie das hier der Fall ist. Das finde ich den größten Reichtum (...), dass wir uns einander hier schenken.«

Die Frage, wie und wo Entscheidungen fallen, ist – wie könnte es auch anders sein bei Männern, die teilweise hohe Leitungsämter innehatten – ein Thema, das sie beschäftigt. Vielleicht mehr, als sie vor diesem Gespräch dachten.

Mein Fazit: Die Freude an diesem Leben und die Kraft des Ortes sind ein Geschenk. Menschen, die genau dieses Zusammenspiel von eremitischem Leben und gelassener Heiterkeit suchen, werden den Weg hierher finden – als Gäste oder als Brüder.

»Den Urgemeindecharakter neu leben«

CELLA ST. BENEDIKT UND CELLA ST. SCHOLASTIKA, INSEL REICHENAU/BODENSEE

Die Cella St. Benedikt der Brüder wurde 2004 durch die Erzabtei Beuron errichtet. Die Schwestern der Cella St. Scholastika gehören zur Kongregation der »Benedictine Sisters of the Eucharistic King«, die ihren Hauptsitz auf den Philippinen hat.

Im September 2001 begannen P. Stephan Vorwerk (aus Gerleve) und P. Nikolaus Egender (aus der Abtei Chevetogne und Altabt der Abtei Dormitio in Jerusalem, der im August 2023 seinen hundertsten Geburtstag feiern konnte) hier mit dem gemeinsamen Stundengebet. Damit gab es nach fast 250 Jahren wieder benediktinisches Leben in den alten Gebäuden.

Aus diesem Projekt, das zunächst in Zusammenhang mit der Diözese Freiburg gestartet war, wurde durch die positive Resonanz vieler Menschen eine kleine Institution geschaffen, auf die die Inselbewohner nicht mehr verzichten wollen. So wurde die Cella St. Benedikt am 13. Juni 2004 offiziell durch den Erzabt Theodor Hogg als abhängiges Haus der Erzabtei St. Martin zu Beuron kanonisch errichtet.

Seit 2017 sind auch zwei Schwestern auf der Insel. Sie bilden die Gemeinschaft St. Scholastika und leben im ehemaligen Mesnerhaus. P. Stephan und die beiden Schwestern kennen sich bereits aus dem Heiligen Land, wo sie im Kloster in Tabgha gemeinsam gebetet haben. Auch das Vorbild von Abu

Gosh, einem Doppelkloster in Israel, schwang mit, als die Idee entstand, die Schwestern zu diesem Projekt einzuladen.

Pünktlich rollt mein Zug in Konstanz ein – und da werde ich schon erwartet: P. Stephanos und Sr. Rochelle stehen am Bahnhof. Gemeinsam fahren wir bei glühender Junihitze die letzte Strecke. Die Insel ist durch eine Landzunge mit einer zartgrünen Pappelallee zu erreichen. »Wenn ich durch die Allee fahre, bin ich daheim«, so P. Stephanos. Unsere Fahrt geht an Ober- und Mittelzell vorbei bis zum äußersten Ende der Insel. Dort, in Niederzell, leben drei Brüder in dem geräumigen, schlicht, aber sehr geschmackvoll eingerichteten alten Pfarrhaus.

Ich wohne im Haus der Schwestern. Obwohl klein, haben die Schwestern einen Gebets- und Anbetungsraum eingerichtet. Weiter gibt es ein Wohnzimmer, an dessen großem Tisch Sr. Araceli derzeit vor allem im Zusammenhang mit behördlichen Dingen und Finanzen arbeitet. Auch eine Nähmaschine steht dort und es stapeln sich einige Bücher, um ihr Deutsch zu verbessern. Gegessen wird in der Küche, mittags essen die beiden Schwestern meist zusammen. Sr. Rochelle ist die Köchin und verwöhnt Gäste gerne mit philippinischen Gerichten. Die Männer beziehen ihre Mahlzeiten mittags aus einer Großküche. Nur an Festtagen wird gemeinsam gegessen.

Der Frauen- wie der Männerkonvent hat jeweils eigene Regeln. Wenn Dinge zu besprechen sind, die alle betreffen, entscheiden sie gemeinsam, mischen sich jedoch sonst nicht in die Belange der anderen Gruppe ein. Alle sind in der Seelsorge tätig und gestalten zusammen das Gemeindeleben und die Liturgie. Die Schwestern betreuen zusätzlich die Gruppe philippinischer Menschen, die in der Region leben. Schwester Araceli, die Theologie studiert hat, predigt hin und wieder in den Gottesdiensten. Außerdem entwirft sie Messgewänder und bessert liturgische Gewänder aus.

Gino, ein Labrador, gehört ebenfalls zur Gemeinschaft. Er lebt, wie es sich gehört, in der Gruppe der Männer, schenkt den Brüdern Kraft und sorgt für gute Stimmung, wie P. Stephan betont. Im Stundengebet in der Egino-Kapelle ist Gino immer dabei, meist liegt er friedlich zu Füßen von P. Stephan.

Die klösterliche Gebetsgemeinschaft trifft sich drei Mal am Tag zum gemeinsamen und öffentlichen Stundengebet. Immer wieder kommt auch jemand zum Mitbeten dazu. Als Vorsteherin oder Vorsteher des Chorgebets wechseln sie sich ab, sodass alle abwechselnd den Abendsegen erteilen.

Die »Klosterinsel« Reichenau hat eine über tausendjährige benediktinische Tradition. Kloster-, Kultur- und Heimatgeschichte sind hier eng verbunden. »Wiege der abendländischen Kultur« wird die Reichenau, die zum UNESCO-Weltkulturerbe gehört, genannt. Die dort lebenden Mönche prägten das kulturelle und geistige Leben nicht nur der nahen, sondern auch der weiteren Umgebung die Jahrhunderte hindurch. Dichtung, Musik und vor allem die Pflege der Buchkunst waren Bestandteil des klösterlichen Lebens. Seit der Kultivierung durch die Mönche im frühen Mittelalter und dank des milden Klimas ist die ganze Insel äußerst fruchtbares Land, auf dem Wein-, Obst- und Ackerbau betrieben wird. In Zeiten des Klimawandels wird es zunehmend wichtig, dass auch bei extremer Hitze die Gärten und Felder gut bewässert werden, was kein Problem darstellt, da der See ein nahezu unerschöpfliches Wasserreservoir darstellt.

Die Geschichte benediktinischen Lebens hier begann mit dem heiligen Pirmin. Der Legende nach landete er 724 auf der Insel und all das dort hausende Ungeziefer floh erschrocken ins tiefe Wasser. Danach rodeten er und seine Brüder eine freie Fläche in der Mitte der Insel und erbauten ein Gotteshaus sowie eine Wohnung für die Schüler Pirmins. Bald entstand ein kleines Dorf rundherum. Von den vielen berühmten Mönchen sei nur Hermann der Lahme (1013–1054) erwähnt. Lange Zeit wurde er unter anderem als Komponist des »Salve Regina« betrachtet, was wohl eher zweifelhaft ist. Ohne Zweifel war er jedoch trotz seiner starken gesundheitlichen Einschränkung ein großer Gelehrter. Vor allem in den Naturwissenschaften, der Mathematik und Musik konnte er vielfältig wirken. So wird die bis heute gültige Zeitrechnung »vor und nach Christus« ihm zugeschrieben.

Die Zahl der Mönche ging im Lauf der Jahrhunderte aus verschiedensten Gründen kontinuierlich zurück, sodass 1757 das Priorat Reichenau vom Bischof von Konstanz aufgehoben und die letzten Mönche wegen »Widerspenstigkeit« von der Insel vertrieben wurden. Im Zuge der Säkularisation wurde die ehemalige Abtei Reichenau endgültig aufgelöst. Niederzell, der Ort, an dem sich heute die Cella St. Benedikt befindet, wurde von Egino, einem gebürtigen Reichenauer, der später Bischof von Verona wurde, gebaut und 799 eingeweiht. Er verbrachte seine letzten Lebensjahre dort und wurde 802 im Chor der Kirche begraben. Der damalige Bau wurde abgerissen und die Kirche 1134 unter dem Namen Peter und Paul neu geweiht.

Mit der Cella mittendrin im Leben der Insel

Gespräch mit der Gruppe und P. Stephan Vorwerk,
dem derzeitigen Oberen

S: Unser benediktinisches Motto in der Cella St. Benedikt auf der Reichenau ist aus Psalm 22: »Inmitten der Gemeinde will ich dich preisen.« Das bedeutet: So, wie wir unsere Feste aus der Tradition des alten Klosters mit den Reichenauern hier feiern und wie wir Gemeinde überhaupt verstehen, bedingen sich Liturgie und Begegnung mit den Menschen miteinander und aneinander. Sonst könnten wir Liturgie auch sein lassen. Wir haben einen relativ festen Kreis von Menschen, die immer wieder kommen. Durch die Pandemie hat sich natürlich einiges verschoben, einige sind nicht mehr so flexibel oder sagen, ach, das geht auch mal, zu Hause zu bleiben. Aber insgesamt sind wir eine gut aufgestellte Kirchengemeinde, und wir sind mit unserer Cella mittendrin.

Zugleich haben wir Rückzugsmöglichkeiten. Hier im Pfarrhaus stört uns keiner. Wir leben am Ende der Insel unsere eigene benediktinische Dynamik. Ich habe bewusst das Pfarrbüro nach Mittelzell gelegt. Da muss ich hinfahren und dann fahre ich wieder zurück. Unsere Gemeinde identifiziert sich jetzt auch mit unserem benediktinischen Leben. Der Anfang war mühsam. Als ich hierherkam, sagten sie: »Wir brauchen doch keine Benediktiner mehr, die nehmen uns nur unser Land weg.« Als wir die ersten Gottesdienste hielten, haben sie aber bald gemerkt, das war anders als bei dem alten Pfarrer, neben dem ich noch die ersten zwei Jahre bis 2004 gelebt habe.

Vom obersten Chef des Bauamts der Diözese haben wir neulich gehört: »Sie sind hier in der Diözese Freiburg eine Vorzeigegemeinde geworden. Was Sie an Dynamik da reingebracht haben!« Das freut uns natürlich. Wichtig ist, dass man die Menschen zusammenführt. Und das gelingt uns gemeinsam hier sehr gut. Gerade an den Inselfeiertagen.

Welches sind die großen Inselfeste?

S: Eine Woche nach Pfingstmontag wird das Heilig-Blut-Fest gefeiert, der höchste Inselfeiertag. Eine »Heilig-Blut-Reliquie« wird seit 1738 (wieder) im Münster in Mittelzell aufbewahrt. Die Gebeine des Evangelisten Markus wurden bereits um 830 auf die Insel gebracht. Ein Schrein mit diesen Reliquien wird am 25. April, dem Markusfest, über die Insel getragen. Das dritte große Inselfest ist der 15. August, Mariä Himmelfahrt, das Patrozinium des Münsters.

Manchmal lädt die Pfarrgemeinde Menschen zum Mittagessen ein, die nie damit gerechnet haben. Zusammen mit den Honoratioren, dem Bischof, dem Bürgermeister usw. etwa eine Frau, die ihren Mann verloren hat, oder jemanden, der sonst irgendwie einen Schicksalsschlag erlebt hat. Dieses Jahr am Heilig-Blut-Fest haben wir ein Ehepaar eingeladen, das seine 28-jährige Tochter verloren hat. Die Mutter sagte: »Wir waren lange nicht mehr in der Kirche gewesen, ich war durch den Tod von C. so mit dem lieben Gott im Hadern.« Ich habe gesagt: »Deswegen gerade lade ich dich ein.« Und sie sind dann tatsächlich gekommen. Das ist meine Vision, dass wir die, die am Rande stehen, mitnehmen und dass dadurch etwas wachsen kann.

Und die Schwestern sind auch wichtig dazu. Sie sind ein Schatz, weil sie so viel Positives ausstrahlen.

S: Ja, die Schwestern sind mittlerweile ein starker Stabilisator. M. Cecile (ihre Oberin) sagte neulich: »Ich bin jetzt froh um die Reichenau.« Sie hat verstanden, was die Schwestern hier leisten. Jetzt haben wir erreicht, dass Sr. Rochelle im Kindergarten arbeiten wird. Das kann sie gut, sie war mehrmals bei den Jugendlagern dabei und hat dort das ganze Küchenmanagement gemacht. Ich war jedes Mal einen Tag dabei und habe mich gewundert, wie Rochelle so mittendrin ist. Hier auf der Insel sind sie personell sehr in Not, daher haben sie gefragt, ob nicht Sr. Rochelle dort mitarbeiten kann.

Wie alles anfing

S: Uns sind so viele Sachen zugefallen, als ich hierherkam. Es gibt in Gengenbach ein Schwestern- und ein Erholungshaus (Franziskanerinnen vom Göttlichen Herzen Jesu). Sr. Gebharda, die Generaloberin, rief mich an, ob ich mal vorbeikommen könnte. Der Erzbischof von Freiburg, Oskar Saier (Bischof 1978–2002), hatte mit ihr gesprochen und ihr gesagt, dass hier wieder Benediktiner herkommen sollen, und sie könne das nur unterstützen. Und dann sagte sie mir: »Geben Sie mir die Kontonummer, wir gleichen das aus, was Sie brauchen.« Da war ich nicht mal eine Woche hier! Dann kam ein Anruf von der Schwiegermutter von Volker Kauder von der CDU, die wohnen hier oben. Und sie sagte: »Herr Pater, mein Mann ist ja verstorben, aber wenn der wüsste, dass hier wieder Benediktiner hinkommen – was können wir für Sie tun?« Auch von dort kam Unterstützung. So haben wir hier angefangen, mit Überraschungen, das glaubt uns kein Mensch.

Und dann haben wir mit dem Chorgebet angefangen: Ich habe mich mit meinem Psalter hingesetzt, zusammen mit Abt Nikolaus, und jeden Tag kamen mehr Leute in die Kapelle. Die ersten Monate war Abt Nikolaus ganz hier, dann ist er wieder nach Chevetogne in sein Heimatkloster gefahren, anschließend war ich teilweise allein. Und dann sagte der Abt von Beuron, Theodor Hogg: »Ich glaube, wir errichten das, sonst tun es andere. Es ist ja in unserer Nähe.« (*Errichten* meint, die Gemeinschaft offiziell als Teil des eigenen Klosters kirchenrechtlich aufzunehmen.) Wir hatten schon den Fokus auf jemand anderen gelegt, der wäre auch dazu bereit gewesen. Wir haben zu Beuron eine neutrale Beziehung. Ich gehöre nach wie vor zur Abtei Gerleve.

Es gab ja viel Kommen und Gehen in der ersten Zeit. Und bis das Haus stimmt für einen selbst und für die Gruppe, das dauert?

S: P. Hugo hat immer hier Urlaub gemacht. Die letzten zwei Tage wurde er immer etwas komisch und wollte eigentlich gar nicht mehr weg. Da habe ich eines Tages dem Erzabt geschrieben, kann der P. Hugo nicht mal länger kommen? Irgendwann hat er sich daran erinnert und bei P. Hugo angeklopft, ob er nicht auf die Reichenau will. Und seitdem ist Hugo hier, seit 2010. P. Stephanos ist jetzt im fünften Jahr hier.

Der Auftrag für so eine Gründung könnte ja auch sein: Jetzt schaut mal, was die Welt heute braucht an Klosterformen. Ist das für Beuron interessant?

S: Eher weniger. Aber wer Interesse an uns hat, ist Altabt Pius von Gerleve, der hat als Historiker einen Narren daran gefressen, deswegen meldet er sich auch immer wieder. Altabt Pius war sicher vom alten Schlag, aber wenn man ihn anrief, war er sofort da, oder er sagte: »Rufen Sie mich bitte morgen wieder an und erzählen Sie mir das.« Der ist präsent.

Wenn die Brüder von Beuron sehen würden, wie wir leben! Mit den Mönchen von Einsiedeln dagegen haben wir relativ viel Kontakt. Altabt Martin (ehem. Abt von Einsiedeln, siehe Beitrag über die Propstei St. Gerold, Seite 192 in diesem Buch) habe ich zum Vorabend vom Blutfest eingeladen, er hält die Vorabendmesse. Und neulich war eine Gruppe von Schülern aus Einsiedeln hier, die haben im Pfarrhaus von Oberzell übernachtet. Zudem habe ich mit Abt Urban (von Einsiedeln) Kontakt, er kommt nächstes Jahr zum Inselfest. Irgendwie haben die verstanden, was bei uns so wichtig ist.

Eure Gemeinschaft nach innen ist jetzt eine, in der man gut leben kann. Was macht ihr dafür? Gemeinsamen Austausch?

S: Ja. Wir haben manchmal eine gemeinsame Supervisionssitzung mit dem ehemaligen Leiter der Ehe- und Familienberatung Konstanz-Singen. Er hat uns schon viele Tipps gegeben.

Hier kann man nicht so abtauchen wie in einer großen Gemeinschaft, man ist immer beieinander. Und wenn es jemandem gut oder nicht so gut geht, das merkt man, oder?

S: Na klar. Da sprechen wir dann auch drüber. Zum Beispiel wie es P. Hugo geht, der jetzt älter wird. Er hält immer noch Messen, aber nicht mehr so viele wie früher, eine Messe in der Woche und dann noch am Wochenende. Er ist treu im Stundengebet, und das ist das Wichtigste.

Was braucht es für so eine Gemeinschaft, dass das Leben gelingt?

S: Einander in Freiheit lassen. Wir haben alle unsere Eigenarten und da können wir uns gut lassen. P. Stephanos und ich, wir reden gar nicht so viel, wir arbeiten nonverbal Hand in Hand. Manchmal denke ich, ach, da hat er ja schon alles gemacht. Und umgekehrt auch.

Einander in Freiheit lassen ist wahrscheinlich auch ein Unterschied zum Leben in Großgemeinschaften?

S: Ja. Wir haben eine ganz andere Flexibilität, wir können auch mal kurzfristig entscheiden, heute geht etwas zeitlich nicht, dann machen wir ein Schild: »Die Abendhore entfällt«. Was wir selten tun, aber manchmal gibt es das.

Wäre es gut, wenn ihr noch ein bis zwei Mönche dabeihättet?

S: Natürlich. Ich wäre sofort bereit, aber am liebsten wäre uns natürlich ein »fertiger Benediktiner«. Die Anfragen könnten jetzt irgendwann kommen, wenn diese ganzen Veränderungsprozesse in den Klöstern losgehen. Ich warte auf den Tag, an dem jemand anruft und sagt: »Kann ich mal vorbeikommen, ich muss mir Gedanken machen«, irgendwie sowas. Es geht ja allen Gemeinschaften so.

Ich habe verstanden, dass ihr nicht vorhabt, zurückzugehen, auch wenn ihr alt und krank werdet?

S: Nein. Auf keinen Fall. Wenn ich nicht mehr kann, gehe ich zu den Barmherzigen Schwestern nach Hegne und P. Stephanos auch. Wir haben mit den Schwestern von Hegne einen guten Kontakt, die haben ein großes Altersheim und ein Demenzhaus, die sind darauf eingerichtet. Sie haben jetzt gerade vier

Priester, die dort wohnen. Ich habe schon die Zusage vom Abt, dass ich hier beerdigt werden kann. Das ist meine Heimat jetzt. Für P. Stephanos auch.

Es gibt immer wieder Leute, die es in ihren Klöstern nicht aushalten, die mehr Rückzug suchen, mehr Kontemplation und weniger Psalmengebet. Wie ist das bei euch?

S: Wir haben das gemeinsame Gebet um zwei Drittel reduziert. Wir konnten es nicht mehr. Morgens ist es eine Gebetsstunde für mich, wenn ich mit Gino (dem Hund) unterwegs bin. Der Wald ist meine Kraftquelle geworden. Wir werden immer noch so ein Stück beäugt: Na ja, die machen ja nicht alles, die sind nicht so monastisch. Da ist immer noch so ein Schielen: »Guck mal, halb acht fangen die an, was soll das?«

Wir haben auch keine Hysterie, kein Theater, nichts Künstliches. Wir versuchen einfach, durch unser menschliches Dasein zu wirken.

Wir gehen, wohin es nötig ist

Die Schwestern sind jetzt im sechsten Jahr auf der Reichenau, zuvor waren sie in der Gemeinschaft von St. Ottilien auf dem Jakobsberg, der geschlossen wurde.

S: Sr. Araceli war Generaloberin von 150 Schwestern, mit all dem Landauf-Landab: Auf den Philippinen sind sie vom Norden nach Süden und dann nach Indonesien, Israel, Deutschland. Sr. Araceli will jetzt mal irgendwann längere Zeit nach Hause, wegen ihrer 95-jährigen Mutter. Aber sie will wiederkommen. Die Generaloberin wird für diese Zeit eine andere Schwester schicken. Sie wollte Sr. Araceli eigentlich auf den Philippinen für die Schüler haben. Aber sie sagte: »Nein, ich will nicht mehr.«

Sie will nicht mehr Gott weiß wie viele Aktionen machen. Sie ist nicht mehr so ganz jung und braucht mehr Ruhe und Stille. Sr. Rochelle ist Religionslehrerin, und sie macht ab September eine Hospitation im Kindergarten. Der Bürgermeister ist sehr froh, dass Sr. Rochelle da mitmacht.

R: Morgen habe ich wieder Sprachkurs. Ich gehe in einen Aufbaukurs, von halb acht bis halb eins. Wir sind zwölf Leute aus allen Nationen: Wir haben Monaco, Ukraine natürlich, Albanien, Afghanistan. Von den Philippinen bin ich die Einzige.

A: Einmal im Monat gibt es eine philippinische Messe, für alle Philippinos mit ihren deutschen Partner:innen, die hier in der Gegend wohnen. Und manchmal bereite ich die Predigt vor. Sie waren viele Jahre ohne Priester, ohne Beichte. Jetzt ist wieder ein Anfang gemacht.

Ihr bleibt zu zweit hier, oder kommt noch eine Dritte?

A: Ich weiß nicht, das Haus ist klein und die Sprache ist schwer. Man muss sich lange vorbereiten, wir sind sechs Jahre hier und es ist noch immer schwer. Ich habe mein Deutsch nicht so ganz offiziell gelernt. 1994 war ich in Israel, in Tabgha, und dann waren wir auch ein paar Wochen in München. Hier sprechen die Menschen noch dazu Dialekt. Wir helfen bei der Seelsorge in den drei verschiedenen Kirchen. Morgen bringe ich die heilige Kommunion, die Hauskommunion für Kranke und ältere Leute. Ich mache das nicht regelmäßig, nur wenn die Leute es wollen. Ich muss immer zuerst anrufen, einer ist gestern ins Krankenhaus gekommen.

Hast du auch schon mal in einer ganz großen Gemeinschaft gelebt?

A: Auf den Philippinen, da sind wir 150. Wir haben vier Priorate. Und ein Priorat hat ungefähr vierzig, fünfzig Schwestern. Es ist schön mit vielen Schwestern, aber es ist auch schön, wenn wir eine Aufgabe haben in einer Diözese oder Pfarrei (auf den Philippinen). Wir sind immer zu zweit. Und dann gehen wir zu unseren monatlichen Exerzitien zurück.

Weißt du schon, wie lange du hierbleiben wirst?

A: Zehn Jahre vielleicht. Es ist ganz wichtig, dass wir da sind. Unsere Kongregation ist sehr arm und wir haben keine große Schule, wir sind nur im pastoralen Dienst. Auf den Philippinen wird pastoraler Dienst wenig bezahlt, daher müssen immer einige draußen (im Ausland) arbeiten. So können wir unserer Gemeinschaft ein bisschen helfen. Unsere Arbeit hier oder in Tabgha und überall ist eine große Hilfe. Von unserer Arbeit auf den Philippinen kann man nicht leben, da bekommt man fünfzig oder sechzig Euro im Monat. Wir haben auch einen Kindergarten, das ist ein Missionskindergarten. Draußen, nicht in der Stadt und für Kinder von ganz armen Leuten. Ein Kindergarten ist im Norden und einer im Süden, Mindanao. Ich bin von Mindanao, Sr. Rochelle ist vom Norden. Wir verstehen uns, aber wir haben einen ganz anderen Dialekt. Ich verstehe sie, aber nicht so ganz perfekt.

Ihr könnt ja deutsch miteinander sprechen!

A: (*Lacht*) O mein Gott! Wir müssen immer lernen. Wir sprechen philippinisch miteinander.

Du hast auch Theologie studiert, habe ich gehört.

A: Natürlich! Wir brauchen das, wir haben auch Schulen für Katechese, da ist eine Schule für Helferinnen in den Pfarreien und für arme Studenten. MISSIO (das internationale katholische Hilfswerk) hat uns viele Jahre geholfen. Bevor ich hierhergekommen bin, war ich Generaloberin. Darum weiß ich das. Jetzt haben wir eine Neugründung in Indonesien, dort sind neun Novizinnen, vier zeitliche Professen, sechs Postulantinnen, aber nur zwei philippinische Schwestern. In Deutschland haben wir kein Haus mit Novizinnen. Wir sind ja ganz wenige hier. Auf den Philippinen ist es groß.

Lebt ihr lieber hier oder würdet ihr gerne wieder zu Hause leben?

A: Es ist unsere Mission, es gibt keinen besseren oder schlechteren Platz, wir gehen dorthin, wo es nötig ist.

Wenn ihr alt und krank seid, müsst ihr zurück?

A: Ja. Aber das dauert noch lange! *(lacht)*

Brüder und Schwestern: gemeinsam und getrennt

S: Mittags essen wir Brüder (fast) immer zu dritt zusammen, abends auch. Wir bekommen das Mittagessen geliefert.

ST: Zu fünft (Brüder und Schwestern) sind wir dann an Festtagen zusammen.

Alle haben ihren eigenen Haushalt?

ST: Ja. Und ihr esst ja auch etwas anders. Obwohl das total lecker ist – in philippinischer Art – isst du morgens immer Reis zum Frühstück?

A: Ja.

Sr. Rochelle, du auch?

R: Nein, Brot und Käse und jeden Tag ein Ei, ganz einfach, aber mittags immer philippinisches Essen, Reis, Fisch, Gemüse.

S: So machen es auch die Mönche in Jerusalem, in Abu Gosh mit den Schwestern. Das war für mich ein hilfreicher Lerneffekt gewesen – da sind die Olivetaner aus Frankreich, aus Le-Bec. Die französischen Benediktiner und Benediktinerinnen haben in Abu Gosh die schöne Kreuzfahrerkirche, ein absoluter Traum. Und die Schwestern und Brüder, die machen es genauso wie wir. Das ist auch ein Ort, der mich geprägt hat, wo ich den Psalter zum ersten Mal kennengelernt habe.

Geprägt durch das Leben im Heiligen Land

S: Ich war in Tabgha und die Schwestern waren in Tabgha und wir versuchen einfach, was Abt Nikolaus immer gesagt hat, was ihm ein Herzensanliegen war, in Jerusalem schon, in der Dormitio und auch hier: Ihr müsst diesen Urgemeindecharakter nochmal neu leben. Und dann kam Wilhelm Bruners (P. Markus OSB), Priester aus der Diözese Aachen, ein nahestehender Freund, Theologe, und der sagte mal: »Schafft bitte das ›Ehre sei dem Vater‹ aus den Psalmen ab. Seid bitte wie im jüdischen Kontext mit den jüdischen Schwestern und Brüdern der Synagoge verbunden. Lasst den Psalm bitte so stehen, wie es die Juden beten und wie Jesus selbst es getan hat.«

Das finde ich spannend, ich habe da heute gestutzt, weil ich es natürlich anders kenne.

ST: Du wirst morgen Abend (am Freitag) eine christlich-jüdische *Vesper* mit Texten aus den Schriften von Qumran erleben!

S: Von uns Fünfen hier haben drei einige Jahre im Heiligen Land gelebt, und das Leben dort und die vielen Pilger und die Gäste, die kommen, hat uns geprägt. Wir müssen zurück zu den Wurzeln, zu den Anhängern des »Neuen Weges«. Ich habe fünf Jahre in der Dormitio mit dem damaligen Abt Benedikt (Benedikt Maria Lindemann, Altabt der Dormitio in Jerusalem, heute in Eremo St. Romuald, siehe dazu den Beitrag zum Eremo St. Romuald, Seite 87 in diesem Buch) zusammengearbeitet. Ich habe ihm viel zu verdanken, er hat mir zugetraut, dass ich nach Tabgha ging und da wurde ich dann Superior. Ende 1999 hatten wir Exerzitien bei Bischof Reinhard Lettmann. Bei dem habe ich geklopft und gesagt: »Bischof Reinhard, ich möchte mit dir sprechen. Kannst du mir helfen, ich mache das Millennium noch voll, aber ich will 2001 von Tabgha weg.« Und dann sagte er: »Wo willst du denn hin, nach Gerleve zurück, kann ich mir bei dir nicht vorstellen.« »Ne«, habe ich gesagt, »will ich auch nicht, kannst du mir helfen?« Und dann habe ich gesagt, ich wüsste einen Ort, die Reichenau. Ich bin im Januar 2001 von Tabgha weggegangen und war dann ein paar Wochen in Gerleve und noch vier Monate oben an der Nordsee. Zum 1. September 2001 bin ich hierher gegangen. Ich habe damals gespürt, ich konnte mit Benedikt zusammen keinen Plan entwickeln, er hatte einen anderen.

Ich habe ja Gott sei Dank seit Tabgha ein ganzes Netzwerk an Verbindungen bekommen, die geblieben sind. Wenn die Leute sagen: »Wie kommst du an diese Menschen?« Dann sage ich: »Von Tabgha.« Ich habe hier schon eine ganz bunte Mischung an Zelebranten gehabt. Der Erzbischof hat mir genehmigt, dass ich einladen kann, wen ich will.

Wie könnt ihr euch die Dynamik des Neuen, des Anfangs bewahren?

S: Indem wir uns immer wieder einlassen auf das, was jetzt ansteht. Ich habe das immer noch in mir, es ist noch nicht verblichen. Die Vision für mich ist immer noch, dass wir uns im Älterwerden der kleinen Gemeinschaft vom Geist überraschen lassen.

Abtprimas Notker Wolf hat mir damals, als ich einen Empfehlungsbrief von ihm bekam, gesagt: »Du gehst jetzt auf die Reichenau, ich sag dir von vornherein, du brauchst mindestens zwanzig Jahre, bis es einigermaßen stabil ist.« Und er hat Recht gehabt. Ich habe auch wirklich zwanzig Jahre gebraucht, um das hier einigermaßen in ruhigere Fahrwasser zu lenken.

Ich wünsche euch sehr, dass sich ein oder zwei weitere Mönche anschließen. Ihr habt Aufgaben und ihr habt die Freiheit, sie zu gestalten.

S: Und wir haben ein tolles Ambiente. Unser Haus ist doch sagenhaft. Und wir haben es wirklich gut eingerichtet, sodass man gut hier leben kann.

Ich danke euch!

Bei unserem gemeinsamen Abendessen gab es

Pancit – ein philippinisches Gericht

FÜR CA. 6 PERSONEN

- 150 g Pancit-Hongkong-Nudeln
- 500 g Huhn
- 2 große Karotten
- 1 Zwiebel
- etwas Broccoli und Kohl (oder anderes Gemüse, was die Saison hergibt)
- 8 EL Sojasauce
- 10 EL Wasser
- 2 EL Öl

Zwiebel anbraten, Hähnchen in kleine Stücke schneiden, dazugeben, salzen, pfeffern. 5 EL Sojasauce und das kleingeschnittene Gemüse dazugeben, 5–8 Minuten mit wenig Wasser kochen, Nudeln und Rest Wasser dazugeben, alles braten, bis die Nudeln glasig sind. (Schmeckt auch ohne Fleisch.)

Dazu einen Weißwein von der Insel!

Was nachklingt

Die Weite der Landschaft, der See, die tausendjährige Geschichte und im Gegensatz dazu die junge Gemeinschaft strahlen eine große Harmonie aus. Die lange Geschichte, die diesen Ort bis heute zum Kraftort gemacht hat, war für mich unmittelbar spürbar, in der Kirche, in den Gebäuden, auf der Insel und nicht zuletzt in den Begegnungen.

In der Gemeinschaft ist die Freude daran, dass es möglich ist, so geschwisterlich miteinander zu beten, mit Händen zu greifen. Das ist wichtig, denn die Aufgaben in der Pfarrgemeinde sind fordernd. In die kurze Zeit, die ich mit ihnen verbrachte, fielen unter anderem: Eine Trauerfeier und eine Hochzeit wurden vorbereitet, vielfältige Gespräche wurden geführt, es gab Krankenbesuche, einen großen Gottesdienst zur Verabschiedung einer Caritas-Mitarbeiterin und so weiter.

Die Situation der Brüder und der Schwestern ist verschieden. Während die Brüder ihren Lebensmittelpunkt hier sehen, bleiben und hier begraben werden wollen, ist für die Schwestern klar: Sie lieben das Leben mit den Menschen auf der Insel und mit den Landsleuten auf dem Festland. Sie betrachten es als Auftrag, hier missionarisch tätig zu sein und zu beten. Sie sind aber jederzeit bereit, wieder aufzubrechen, wenn es für ihre Gemeinschaft wichtig ist. Für sie wäre es schön, zu dritt zu sein, aber für eine weitere Schwester müsste genau überlegt werden, wie das räumlich gehen könnte. Die Gastfreundschaft der Schwestern ist riesig, dennoch ist die Möglichkeit, als Frau einige Tage bei ihnen zu verbringen, räumlich begrenzt.

Im Gegensatz dazu hätten die Brüder in ihrem Pfarrhaus durchaus noch Platz für ein bis zwei Brüder. Und auch an Aufgaben gibt es keinen Mangel.

Dass die Leitung des gemeinsamen Gebets wechselnd übernommen wird und entweder eine der Schwestern oder der Brüder den Abendsegen erteilt, habe ich als sehr frei und stimmig erlebt. Stark beeindruckt hat mich die Art und Weise, wie gebetet wird, die Souveränität, mit der andere Texte, etwa aus Qumran, in die Liturgie einfließen. Da zeigt sich die Prägung durch die Zeit, die einige im Heiligen Land verbracht haben. Als Gast konnte ich da gut mit einschwingen.

2024 steht ein großes Jubiläumsjahr an: »1300 Jahre Benediktinerabtei Reichenau«. Dazu wird unter anderem auch die Ostertagung der »Salzburger Äbtekonferenz, SÄK« (das sind alle benediktinischen Äbte im deutschsprachigen Raum) den beiden Cellae einen Besuch abstatten. Dies wird sie sicher für ihren weiteren Weg stärken. Denn das Leben der Gemeinschaft dort verdient Unterstützung und hat Modellcharakter.

»Es ist wichtig, sich nicht konservieren zu müssen«

BENEDIKTINERINNEN AUF DEM WEISSEN BERG, PRAG/TSCHECHISCHE REPUBLIK

Am 8. Dezember 2007 gründete die Kommunität Venio (damals noch nicht »Abtei«) mit vier Schwestern eine Niederlassung bei der Wallfahrtskirche Maria de Victoria auf dem Weißen Berg in Prag.

In dieser Gründung fanden zwei Wege, ein tschechischer und ein deutscher, zusammen. Seit mit der politischen Wende 1989 das jahrzehntelange Verbot aller Orden im kommunistischen Regime aufgehoben war, konnten auch die Mönche von Břevnov (Prag) 1990 das Ordensleben wieder aufnehmen. Über sie fanden junge Frauen zur benediktinischen Spiritualität und suchten eine Möglichkeit, als Benediktinerinnen zu leben, doch gab es in ihrem Land kein Kloster, in das sie hätten eintreten können. Drei junge Frauen erhielten daher ihre erste monastische Formation zunächst in einem polnischen Kloster. Abtprimas Notker Wolf (Rom) unterstützte den Plan einer Gründung in Tschechien und ermunterte sie, sich Klöster in Deutschland anzuschauen. Sie entschieden sich nach Aufenthalten in anderen Klöstern für die Kommunität Venio in München, und so ernannte Abtprimas Notker Wolf die Priorin Sr. Lucia zur Delegatin für die Gründung. Ende 2004 übertrugen die Schwestern ihre Profess auf die Kommunität Venio. Ausschlaggebend für sie war unter anderem, dass sich nach ihrer Überzeugung diese

Art des benediktinischen Lebens am besten für die Stadt Prag eignen würde. In München war der Boden für die Aufnahme von Tschechinnen dadurch vorbereitet, dass M. Agape Gensbaur, Priorin von 1973 bis 1993, die bis 1945 in Prag gelebt hatte, noch Tschechisch sprach und dem Land immer verbunden geblieben war. Vier Jahre gemeinsamen Lebens in München ließen den Plan reifen, in Prag einen Ort für das Zusammenleben von tschechischen und deutschen Schwestern vorzubereiten. So ist die Abtei Venio nun eine »Gemeinschaft an zwei Orten«, wie es in den Konstitutionen heißt. Dank der Benediktiner von Břevnov, die den Schwestern am Stadtrand von Prag auf den Weißen Berg den Wallfahrtsort »Maria de Victoria« zur Verfügung stellten, konnte die Geschichte des Klosters in Prag beginnen. Die tschechisch-deutsche Gemeinschaft betet und spricht in beiden Sprachen, auch wenn die allen gemeinsame Sprache Deutsch ist.

Die politische Geschichte spielt eine ganz besondere Rolle. Die Schlacht auf dem Weißen Berg 1620, bei der die Truppen der Habsburger Seite über die Böhmischen Stände siegten, setzte den Anfangspunkt von jahrhundertelanger Dominanz der Habsburger und damit der deutschen Sprache und der katholischen Religion. Die Okkupation der Tschechoslowakei 1939 durch das nationalsozialistische Hitler-Deutschland verstärkte dieses Trauma erneut. Genau am Ort der Schlacht steht nun die Kirche »Maria vom Siege« und das Kloster. Das Deckengemälde in der Kuppel der Kirche von Cosmas Damian Asam stellt den »Triumph des katholischen Glaubens in Böhmen« in drastischer Weise dar.

Rasch wurde in Prag ein kleines Gästehaus fertiggestellt, um dem benediktinischen Grundsatz der Gastfreundschaft Rechnung zu tragen. Sr. Anežka, eigentlich Bauingenieurin, hat sich entschlossen, ganz im Haus und vor allem für die Gäste und die Liturgie verantwortlich zu sein. 2014 wurde eine Chorkapelle für das tägliche Stundengebet eingeweiht. Sr. Petra hat ein sechsjähriges Studium zur Restauratorin an der Prager Universität erfolgreich abgeschlossen. Eine Schwester der Gründergruppe ist wieder gegangen und hält nun als Mutter zweier Kinder weiterhin Kontakt, neue Schwestern sind dazugekommen. Sr. Francesca Šimuniová ist die erste tschechische Äbtissin der gesamten Gemeinschaft.

In Beziehung zum Ort und zur Geschichte Neues entstehen lassen

Gespräch mit der Gruppe inklusive
der Äbtissin Sr. Francesca Šimuniová

Ihr kennt beides, die Gemeinschaft in Prag und die in München mit sechzehn Schwestern, und zwei von euch waren außerdem in einer polnischen Gemeinschaft. Was ist für euch der Hauptunterschied?

A: Es ist ein Unterschied, ob man als kleine Gemeinschaft anfängt (wie wir) oder endet.

P: Für mich ist der Hauptunterschied, dass wir das Leben hier aufgebaut haben und dass wir mehrere Traditionen kennengelernt haben, die polnische Tradition, und in Deutschland waren für mich auch Alexanderdorf und Eibingen (beides Benediktinerinnen-Klöster) sehr wichtig. Ich konnte Unterschiede gut wahrnehmen. Dann die Formation (Ausbildung) in München, die das Wichtigste war. In Prag haben wir zuerst dieses polnische Modell probiert, das war hart. Anschließend versuchten wir irgendwie Venio nachzuahmen, aber wir hatten es nie wirklich gut kennengelernt, denn arbeiten ging zunächst keine von uns. Aus all diesen Erfahrungen und mithilfe von anderen Erfahrenen dieses Leben hier aufzubauen und wirklich das, was uns gedient hat, zu nehmen, und was uns nicht gedient hat, langsam zu verändern oder umzuformen, zu gestalten, das war wichtig.

T: Ich habe lange darüber nachgedacht, warum das Leben in Prag so anders ist. Durch den Wallfahrtsort, der ein Anziehungsort ist für viele, sodass man damit auch mehr inhaltlich beschäftigt war, ist es eine ganz andere Herausforderung. Und wegen der Größe kann man sich nicht zurückziehen, sondern ist in unglaublicher Weise in Interaktion nach vielen Seiten. Wenn man danach fragen würde, gibt es in Prag sicher mehr Leute, die das Kloster auf dem Weißen Berg kennen als in München das Venio. Und das prägt das Leben extrem.

F: Ich glaube, es ist auch die Anbindung an Břevnov, an eine lang existierende und bekannte Männerabtei. Ich finde es supergünstig, dass es eben nah und doch weit genug entfernt ist. Von Anfang an war klar, dass wir unabhängig sind, und zwar ganz. Und ebenso ist diese Geschwisterlichkeit ganz stark. Mit dieser Unterstützung und mit dieser, ja, Selbstverständlichkeit, wie Břevnov dort verwurzelt ist. Da kamen wir in etwas hinein, was schon einen Hintergrund hatte, waren nicht so ganz neu, so ganz unbekannt. Auch war es wahrscheinlich eine günstige Zeit für unsere Form, in Zivil ohne Habit zu gehen und in normalen Berufen zu arbeiten. Es fanden eigentlich alle gut und eher interessant als befremdlich, dass die Schwestern arbeiten gehen.

B: Dienstag, Mittwoch und Freitag feiern wir mit den Brüdern um sieben Uhr bei ihnen im Kloster die Eucharistie, das verbindet uns. Donnerstag und Sonntag kommt einer von ihnen zu uns für die Messfeier.

Der besondere Ort

B: Nach wie vor merke ich, wie ich das Ebenmaß der Gebäude liebe, die Baumeister waren wirklich Meister. Dass die das in den Proportionen so hinstellen konnten! (Die Wallfahrtskirche »Maria vom Siege« wurde 1622 erbaut und schrittweise renoviert. Die Kuppel wird Giovanni Santini zugeschrieben und wurde von Cosmas Damian Asam ausgemalt.) Wir haben das Areal immer offen, außer Montag. Und es kommen viele, auch Einzelne, die bleiben stehen und schauen, sie spüren die Stille. Das Areal macht etwas mit einem. Und die Kapelle für das Gebet um ein Ende des Krieges in der Ukraine ist leider immer noch nötig. Man kann dort eine Kerze anzünden, die Menschen bleiben relativ lange da und schreiben etwas in das Buch. Solche Stätten sind wichtig. Der Mensch ist kein theoretischer Mensch. So eine Kerze ist wichtig. Und die Pietà hat Sr. Petra fertig restauriert: eine Frau, die einen Toten im Arm hält. Das ist hart, aber es ist so. Ich kann mir vorstellen, dass so eine Darstellung jemandem ein Halt sein kann. Neulich am Abend um halb neun wollte ich zusperren, da kam einer vom Joggen, ist zielstrebig zur Kapelle, war ziemlich lang drin und ist dann wieder gegangen.

Manchmal bete ich allein in unserer Kapelle (die Kirche liegt in der Mitte eines Viereckhofes mit vier Eckkapellen) die ***Mittagshore*** oder auch die ***Vesper***. Aber jede von uns schaut, dass sie möglichst da ist. Die Kapelle, ich mag sie.

P: Wir haben gemeinsam ein Oberinnenmodell entwickelt (die Leitung wechselt wöchentlich). Das ist aus dem Leben entstanden, es war nicht so, dass wir es uns ausgedacht hätten und überlegt haben: »Cool, das probieren wir«, sondern eine Notlösung. Und wir haben es dann weiterentwickelt, sodass es uns jetzt dient. Wir verändern es in dem Moment, in dem es nicht mehr funktioniert. Jetzt mit der tschechischen Äbtissin ist es wieder ein bisschen anders geworden, das können wir gut einbauen.

B: Besprechungen sehen bei uns so aus, dass wir auf der Rückfahrt von der Messe in der Straßenbahn ausmachen, wie der Tag laufen kann. Es ist viel zu planen und zu überlegen und es kommt immer wieder etwas Neues dazu, aber das Gerüst, das, was uns etwas wert ist, bleibt. Um acht Uhr sind wir zurück und frühstücken schweigend. Und jede geht ihrer Wege. Mittags beim Essen reden wir.

Was ist wichtig für das gemeinsame und das geistliche Leben?

P: Das Wichtigste für mich ist, dass ich nicht in etwas eingestiegen bin, das schon eine lange Tradition hat und in das ich mich nur einfädeln muss. Wo ich nur ein bisschen einen Ort für mich suchen muss und keine Chance habe, viel zu machen. Oder wo jede Veränderung mich viel Kraft kostet. Hier dagegen gibt es die kleine Gruppe, die jeder Schwester Raum geben kann, den sie so gestalten kann, dass jede von uns das Ihre findet. Das geht nicht in einer größeren Gemeinschaft. Und dann ist wichtig, dass wir so viel Freiheit dafür bekommen, dass wir neue Formen suchen können und gleichzeitig immer Halt haben durch die alte Erfahrung, die uns immer wieder rettet. Wenn etwas nicht funktioniert, fallen wir in die alten Muster, das ist so, wie es sein soll. Das ist für mich der größte Unterschied, den ich sehr genieße. Sich immer wieder zu verändern und neue Erfahrungen in Freiheit machen zu können, das halte ich für einen Grundwert von Benediktinern, Benediktinerinnen, und ich kann das wirklich ganz gut leben.

Es ist dieses Eins-zu-Eins mit Gott leben, das heißt, ich lebe meine eigene geistliche Berufung, ich suche Gott wie ein ***Monachus*** (ein ***Mönch***, zugleich auch: ein ***Einzelner***), zusammen mit Gott, in Beziehung mit Gott, aber eingebunden in die Gemeinschaft. Als Glied einer Gruppe von Menschen, die dasselbe leben. Wir verbinden uns durch die gemeinsame Regel, durch Regeln, die uns zusammenhalten. Das ist vor allem die Liturgie, das Treffen zum gemeinsamen Gebet. Ich glaube, jede von uns sieht es etwas anders, ich lebe es ganz anders als Anežka, trotzdem ist es etwas, das mich mit der Gemeinschaft ganz stark verbindet. Als »Lebensstoff« kommt dazu das Essen, denn es gehört wirklich zu unserem Leben, sich zu treffen zu dieser Ernährung. Wichtig ist auch das geistliche Leben an dem Ort. Wir leben das, was wir glauben, aber zusammen mit den Menschen, mit dem Raum und mit der Umgebung, in der wir sind. Das ist für mich die Grundlage.

A: Ich merke, dass die kleinere Gemeinschaft viel dynamischer lebt. Dass man einiges nicht nur schneller erfahren kann, sondern auch eventuell verändern. Wir sind alle drei in einer WhatsApp-Gruppe, so wissen alle gleich, was kommt. Jede ist wirklich wichtig. Wenn wir vier oder fünf sind, dann kann man sich wirklich so viel Zeit nehmen, dass jede gehört wird. Irgendwie ist das offener – wir suchen dann gemeinsam, was das Beste zu sein scheint. Das finde ich wichtig.

Das ist ein bisschen lustig, aber es ist so: Wenn wir so wenige sind, dann sind es immer wieder dieselben Dienste. Wir bekommen jeden Samstag die Wochendienste zugeteilt. Ich denke mir, ich bekomme genauso Segen für das, was ich gemacht habe, wie für das, was ich jetzt mache, und es ist immer wieder dasselbe. Wir kümmern uns nicht nur um die Küche oder das Refektorium, sondern auch um alles andere. Das freut mich. Umso mehr, wenn ich in der Benediktsregel lese, dass, wer den Küchendienst verrichtet, einen speziellen Lohn bekommt, denn das mache ich am meisten. *(Alle lachen)*

T: Wir haben das große Glück in Prag, dass wir eine sehr begabte Grundbesetzung haben. Ihr könnt beide super singen, ihr seid beide in euch stehend und trotzdem gemeinschaftsfähig, das ist natürlich ein ***Kairos***, ein Geschenk, das hast du in kleinen Gemeinschaften noch viel stärker, dass die, die zusammenkommen, sich irgendwie zusammenraufen müssen. Das kannst du nicht nur »machen«, das ist schon Gnade.

P: Schon, aber ich glaube, genau das ist so ein bisschen der Vorwurf an die großen Gemeinschaften. Die haben auch gute Menschen, die dasselbe schaffen könnten, aber in der großen Gemeinschaft finden sie nicht den Raum oder die Möglichkeit dafür. Das ist echt ein Jammer.

Und noch etwas habt ihr an Grundvoraussetzung: Ihr zwei (Anežka und Petra) seid der stabile Kern, und dann gibt es immer wieder Wechsel in der Gruppe, das ist auch eine Herausforderung?

T: Wobei Sr. Birgitta schon sehr lange da war. Drei, würde ich sagen, waren schon lange der Kern.

P: Zwei ist zu wenig. Ich glaube, ich und Anežka, wir können die Grundbedürfnisse des Klosters abdecken, dass es funktioniert, zum Beispiel Wohnraum, Dinge, die man unbedingt braucht, dass wir die Arbeit leisten, die die Grundlage des Klosters ist. Räume, Reparaturen, Garten, Kochen, Liturgie, das schaffen wir zu zweit ohne Probleme, das ist sehr wichtig. Aber wenn diese Grundlage gedeckt ist, brauchen wir zwei Menschen dazu, die den »höheren Stock« bilden und auf uns aufbauen, das ist dann das Soziale, zum Beispiel Sr. Teresa und Sr. Barbara, aber auch Sr. Birgitta, die dann mehr zu den Menschen gehen und das machen, was so wichtig ist und die anderen draußen vielleicht noch mehr wahrnehmen. Aber das Kloster steht auf dieser »Putzfrau-Ebene«. Wir sind nicht die Putzfrauen *(Lachen)*. Aber wir sind eher die untere Ebene, die man nicht beachten muss. Trotzdem braucht es diese kleine Gruppe, die das macht, dann können andere kommen, zum Beispiel die Geigerin (das hat nicht geklappt). Oder jemand, der noch mehr macht, was nicht wirklich notwendig ist, aber das Kloster sehr bereichern kann und der dann eine spezielle Aufgabe bekommt. Ein bisschen war es auch Francesca, die dieses politische Engagement nach außen hatte, reisen usw. Wenn du ein Grundstein bist, dann geht das nicht, denn du kannst nicht so viel reisen. Das müssen *wir* machen, damit wir *dich* schicken können. Für uns ist es sehr wichtig, aber es muss jemand dann diese Grundebene abdecken. Das ist sehr schablonenhaft gesagt, ich baue einfach eine Idee auf. Und deswegen sind wir die Wichtigsten, aber nicht die, die das Kloster ausmachen.

A: Ein Bild zu dem, was du sagst, ist für mich ein Baum: Wir sind die Wurzel, und von dort wächst der Baum und trägt dann Blätter und Früchte. Anhand des Baumes kann man erkennen, wer wir sind, welche Früchte wir bringen für andere. Ohne die eine oder andere wäre da nichts. Früchte oder Blätter oder Zweige, ohne Wurzel wäre nichts. Aber wenn es nur die Wurzeln sind, ist das auch nichts. Beides ist wichtig, eines braucht das andere.

T: Eine große Zukunftsfrage ist: Wie gelingt es, dass solche Grundpfeiler wie ihr nachwachsen? Du (zu Francesca) bist schon eine neue Generation, aber auch noch stark in der Gründung mit drin. Das ist natürlich ein Spezialfall, dass du als Äbtissin gewählt wurdest.

Bei Organisationen ist immer die zweite Generation der Knackpunkt, ob es weitergeht oder nicht.

F: Ich denke, es ist vielleicht der Vorteil unserer Gemeinschaft in Prag, dass keine charismatische Gründungsperson als Einzelperson da ist, die das alles auf die Beine gestellt hat und dann ist sie weg oder in eine Krise gekommen oder was weiß ich, sondern dass es eine Gruppe von Gleichen war. Eben keine, die extra nur deswegen dort hingegangen ist.

T: Wenn du in einer mittelgroßen Gruppe die Fünf hast, die sich finden, ist die Frage: Sind die anderen froh, dass es die Fünf gibt, die jetzt mal etwas machen, und denken die sich »puh, ich muss es nicht machen« oder fühlen die sich dann irgendwie auf den Schlips getreten, weil sie mitmachen wollen würden und nicht mitmachen dürfen?

F: Ich denke, in der großen Gruppe hast du viel mehr Konkurrenz. Es kann leicht zur Spaltung kommen. Ich weiß nicht, ob das von der Größe abhängt. Ich glaube, dass es sehr viel mit dem Neuanfang und damit, dass man etwas Neues gestalten kann, zu tun hat. Das war zum Beispiel in Münsterschwarzach so, wo sie in den 1970er-Jahren eine total neue große Gruppe waren, die das Kloster eigentlich übernommen hat. Dann ist die Frage, hält das die Gemeinschaft aus?

Ja, das ist fünfzig Jahre her. Und es wird spannend, wenn diese Gruppe, vor allem P. Anselm, P. Fidelis und P. Meinrad, nicht mehr aktiv sein wird.

P: Eine kleine Gruppe ist kompliziert, denn wenn einer ausfällt, bist du nur zu zweit, zum Beispiel in der Küche und das ist schwierig. Die ganz kleine Gruppe ist dynamisch, wenn es läuft, aber auch riskant. Die ganz kleine Gruppe ist kompliziert, die ganz große wahrscheinlich auch.

T: Was ich in Prag als schön erlebt habe, ist dieser gemeinsame Suchweg, mit dem Wissen, dass man mal etwas ausprobiert, bei dem man im Nachhinein feststellt, das war zu viel, zu wenig, es war nicht so toll, es ist anders geworden, und mit dem Mut, zu sagen, dann probieren wir es halt anders. Zum Beispiel: Wir haben ganz spontan ein gotisches Kreuz bekommen, das war auf einmal da vor der Fastenzeit. Dann hat sich eins ums andere eine Liturgie um dieses Kreuz und ein echtes Mitgehen mit diesem Kreuz entwickelt, bis hin zu einer Installation in der Kapelle. Es war wirklich sehr stark und intensiv. Dann der Mut von Sr. Petra, im nächsten Jahr zu sagen: Nein, das machen wir jetzt nicht wieder, sondern diese Fastenzeit machen wir etwas anderes. Oder dass bei der Liturgie Sr. Anežka in der Pandemiezeit immer wieder fragte: Was können wir machen, was brauchen die Leute? Zum Beispiel eine Prozessions*Vesper*. Anschließend hatten wir jedoch auch den Mut, zu sagen, es war zwar super, es ist gut angekommen, aber jetzt ist etwas Neues dran. Also weniger dieses: »Des war scho` allwei` so und deswegen muss man's allwei` so machen«, obwohl es nicht mehr stimmt.

P: Es sind auch einige Schwestern wieder weggegangen. Wenn es jemand mit einer besonderen Aufgabe war, haben wir gesagt: »O. k., dann lassen wir das, was sie Besonderes gemacht hat.« Mit jedem Menschen kommt etwas Neues, wir machen Experimente, schauen, ob es funktioniert. Am Anfang habe ich viel mit Obdachlosen gearbeitet, dann habe ich gespürt, es geht nicht mehr so weiter und damit wieder aufgehört. Das war zunächst gut, aber später war es nicht mehr gut.

F: Es geht um Gestaltungsmöglichkeiten, auch die, Fehler zu machen oder dass man sich irgendwie verläuft. Man probiert das selbstständig aus, verantwortet es, und merkt dann selbst, das geht, das geht nicht, ohne dass jemand einen ständig beobachtet.

Grundvoraussetzung in den Personen und Entwicklungsprozessen

T: Es ist ein Glück, dass wir so eine Konstellation an Leuten haben, bei denen in den Begabungen und in dem, was jede kann, eine unglaubliche Ergänzung möglich ist. Ich meine, dass Sr. Anežka die Liturgie in so einer Weise gestaltet, ausprobiert und macht, das ist dein Charisma, und bei dir sind es die Restaurierungen, die Besprechungen mit Leuten, der Garten usw.

F: Es spielte eine große Rolle, dass man in München entschieden hatte: Wir müssen die Prager Gruppe frei lassen und entweder sie schaffen es oder nicht. Man konnte und wollte sie nicht bemuttern.

P: Ich finde es spannend, wenn ich daran denke, dass wir bestimmte thematische Linien haben, Auseinandersetzungen und Supervision usw. Das alles drehte sich um die menschliche

Reife. Theologie, Liturgie war eine sehr wichtige Sache, aber was wir zuerst entwickeln mussten, war die menschliche Seite. Dort konnte es ab und zu zusammenbrechen, da ist der Weggang von einer Schwester der Gründergruppe zu nennen. Das war sehr wichtig und richtig. Aber es war auch so: Wenn wir es nicht geschafft hätten, wäre es vorbei gewesen. Dann muss man in die menschliche Reife investieren, individuell gesehen, aber auch in Bezug auf die Gemeinschaft. Wir müssen uns fragen: Wie können wir *in Gemeinschaft* menschlich weitergehen? ***Frömmigkeit*** ist ebenfalls wichtig, aber diese gesunde Frömmigkeit, dieses Vertrauen, dass wir geführt sind, dass es gefügt ist und dass Christus es will. Persönlich in Beziehung zu stehen mit Gott. Ich glaube, Anežka sieht es auch so. Ich habe immer geglaubt, wenn wir beten, wenn wir wollen, dann muss es gehen. Beten, obwohl ich keinen Weg mehr gesehen habe. Und immer hatte eine von uns dann eine Idee, wie es nun gehen kann. Ich meine, Birgitta vor allem hat uns geholfen zu reifen, ja, ohne sie wäre nichts.

T: Es gibt eine große Bereitschaft von jeder, ganz persönlich an sich zu arbeiten. Das war, ich würde schon sagen in einer berührenden Weise wahrzunehmen. Ich, die ich ja ganz neu hineinkam, wurde in den Prozess integriert, ganz ernsthaft, sodass ich mich in Prag zum ersten Mal als echter Teil der Gemeinschaft und als erwachsene Schwester gefühlt habe, die, selbst wenn sie mal zu laut ist oder dies oder das hat, erstmal prinzipiell Schwester ist. Gleichzeitig haben alle überlegt, wie kann man ihr rückmelden: He, du, bitte, jetzt so oder so nicht!

Es sind in den letzten Jahren einige Neueintritte über eure Prager Gemeinschaft gekommen. Du (Francesca) und Sr. Edith, und jetzt Sr. Michaela, vorher noch zwei andere.

P: Von der Gruppe, die in München in das Klosterdach-Projekt kam – wir haben einmal in München mit vier Studentinnen ein Projekt »Leben unterm Klosterdach« für ein Jahr durchgeführt –, hat mir eine gesagt: »Wir sind damals alle wegen der Gründung gekommen, denn dass ein Kloster so etwas macht wie ihr in Prag, das hat uns alle begeistert, so viel Schwung und Energie! Das interessiert uns. Wir alle sind auch wegen euch Tschechinnen gekommen.« Ich glaube, es ist sehr gut, sich zu öffnen und in solche Projekte zu investieren. Eine sagte: »Ich habe mich immer gewundert, warum die Schwestern das machen, es ist verrückt.« Es hat ihnen viel Gutes gegeben. Es waren damals acht im Noviziat.

F: Ich war die Neunte. Wir haben dann den langen Noviziatstisch gekauft. *(Lachen)*

Und wie geht es euch damit, dass das Noviziat jetzt nur ein bisschen bei euch ist, aber dann hauptsächlich in München?

A: Es ist sicher so, dass wir noch keine Bedingungen dafür schaffen können. Jemand muss sich wirklich mit dem Unterricht usw. auskennen. Und das braucht vor allem Zeit.

F: Das Harte und Schwere hängt gleich am Anfang. *(Lachen)* Das ist *learning by doing*. Ich glaube, das gehört auch dazu. Die tschechischen Kandidatinnen, bei denen wir davon ausgehen, dass sie in Prag leben werden, müssen Prag zuerst »in echt« erleben. Zudem müssen sie die ganze Gemeinschaft kennenlernen und die deutsche Sprache lernen, denn unsere gemeinsame Sprache ist Deutsch und nicht Tschechisch.

P: Ich glaube, es ist eher gut, dass die Novizin draußen ist, die Sprache lernt, damit sie selbst reden lernt, dass sie raus ist aus Beruf und Familie, und sie bekommt wirklich Raum für diese

Formation. Ich glaube, das ist wirklich eine Gnade oder ein Geschenk.

F: Damals in meinem Noviziat mit neun Leuten, da gab es so viel Spannungen und Konflikte.

P: Eine alte Gemeinschaft und alte Schwestern zu sehen, und das alles ein Jahr lang als Novizin mitzutragen, finde ich nicht gefährlich für sie und wichtig für ihre Entscheidungen.

Meint ihr, dass eine kleine Gemeinschaft, wie ihr es seid, es leichter hat, so etwas wie ein spirituelles Zentrum zu sein?

P: Anders. Zum Beispiel in Břevnov sind drei, vier Mönche, die wirklich etwas tun, und das ist ein spirituelles Zentrum wegen des Ortes, der Tradition und dem, was die Menschen darin sehen. Bei uns ist der Weiße Berg ein spirituelles Zentrum und wir machen überhaupt nichts dafür, außer dem Gebet. Ich glaube, das ist eher die Ausstrahlung des Ortes oder wie man auf die Menschen zugeht, ob man sich öffnet.

T: Ich glaube, die Bereitschaft, ob man Leute empfangen will oder nicht, macht viel dabei aus, ob man ein Zentrum wird. In Prag haben wir das Gästehaus. Es ist einfach klar, dass es ein Gästehaus gibt, in dem Leute willkommen sind oder dass man Führungen anbietet oder dass es das kleine Café gibt.

Woran also liegt es?

P: Offenheit.

T: Und dann spüren die Menschen: Der Ort ist für sie da. Die Leute haben nicht das Gefühl, wenn sie kommen, bringen sie etwas durcheinander oder stören oder fühlen sich falsch. Das ist in Prag viel leichter, Klausur ist Klausur und drum herum können irgendwie die Besucher toben, aber die Klausur bleibt Klausur.

P. Für mich macht den Unterschied, ob man sich selbst als spirituell versteht. Ich war einmal in einem anderen Kloster bei der Liturgie und die Mönche waren schrecklich alt und sind überhaupt nicht aufgestanden und so. Ich hatte das Gefühl, hier will ich nicht sein, ich fühle keinen Geist, nichts Spirituelles. Im Kloster Emmaus (in Prag) dagegen hast du einen Pater R., er feiert die Messe mit dem Rücken zum Volk und du hast trotzdem das Gefühl, es strahlt etwas aus, obwohl das überhaupt nicht meins ist. Oder die Kartäuser, in deren Kloster man überhaupt nicht reinkommt. Du siehst nur die Mauern, aber die halten sich für wichtig und spirituell und du spürst das bis nach außen. Ob sie es noch leben, das ist wichtig. Ob sie überzeugt sind oder ob sie nur noch überleben und es irgendwie zu Ende bringen müssen.

A: Ich kann vom Gästehaus sagen, was ich für Erfahrungen gemacht habe. Die Menschen sind überrascht, dass sie einfach kommen können, sie können zum Gebet kommen, sie bekommen Hefte mit den Texten und dürfen mitsingen. All das bringt sehr viel. Und sie sind einfach erstaunt, was sie dort finden. Das hängt wieder mit dem Ort zusammen, natürlich. Vielleicht auch, weil wir keinen Habit tragen, und plötzlich merken sie, dass wir doch auch Schwestern sind. Unser Chormantel strahlt schon viel Würde aus. Das spricht sie bestimmt an.

T: Ja, und du hast immer ein offenes Ohr für die Leute. Du hast viele geistliche Gespräche mit Gästen geführt, in denen dann der eine dies oder das erzählte. Die kommen dann auch gern öfters.

F. Ich überlege, was einen Ort zum spirituellen Zentrum macht. Ich glaube, da muss sich beides treffen. Es macht viel aus, wenn etwas schon Geschichte hat oder irgendwie historisch interessant ist und daher das Interesse von außen da ist. Wenn dann neues Leben kommt, das zieht viele an. Eine Rolle spielt auch, wenn die Leute kommen und man merkt, was sie eigentlich brauchen und darauf geantwortet wird. Irgendwie zu reagieren – das ist wichtig.

A: Was aus einem Ort ein spirituelles Zentrum macht, dazu ist mir noch eingefallen: Eigentlich steht in der Regel, dass wir in den anderen Menschen Jesus sehen sollen. Und auch, wenn das uns nicht immer bewusst ist, wenn wir ihnen diese Ehre und den Respekt – Liebe ist vielleicht zu viel – entgegenbringen, wenn die Menschen das spüren, dann fühlen sie sich angenommen. Das macht schon viel aus, und dann merken sie, was alles dahintersteht. Vielleicht fragen sie sich: Warum fühle ich mich hier so gut und irgendwie frei und ganz zufrieden?

B: Zum spirituellen Ort gehören auch die vielen Führungen, die wir machen. Ich übernehme meistens die deutschen Führungen. Es war zum Beispiel eine Gruppe der Hans-Seidel-Stiftung mit Studenten da und Leute aus der Diözese Passau, die wollten ein bisschen über das Land erfahren. Dann kommt wieder ein Bus, der von Station zu Station fährt, das ist etwas ganz anderes. Im Sommer ist oft eine Gruppe von Schülern und Schülerinnen aus München mit ihrem Pfarrer da, die machen eine »Ora-et-labora-Woche« (Gebet und Arbeit) hier und helfen uns beim Aufräumen, Streichen usw. Und sie lernen nebenbei auch ein bisschen unser Leben kennen.

T: Und dann kommen diese Frauen, die eigentlich nur einen Raum für ihr Patchworking suchen. Sie bekommen den Pfarrsaal, mit der Zeit fängt etwas an zu wachsen und es dient sich gegenseitig. Dann gibt es die Gruppe der Leute vom Synodalen Weg, die Charismatiker und viele andere sehr unterschiedliche Gruppen, die mit ihren Interessen kamen und Ihres lebten, also gar nicht unbedingt benediktinisch wurden.

P: Das ist leichter in kleinen Gruppen, aber genauso in der großen Gruppe möglich. Eine große Liturgie, alle ziehen in Prozession in die Kirche ein, sechzig Schwestern am Anfang. Ich glaube, wenn da eine Gruppe ist, die die Mitte bildet, dann geht das. Für mich ist es leichter in der kleinen Gruppe. Aber in der großen Gruppe findest du vielleicht besser die fünf, die sich treffen und das Herz dieses Ortes ausmachen.

A: Mir gefällt auch an unserer Gruppe, wenn wir etwas veranstalten, dann machen wir alle mit und dann ist das Geschehen ein Gemeinsames und jede trägt das Gemeinsame mit.

T: Das habe ich immer schön gefunden, wenn man etwas geschafft hatte, dann hatten wir oft noch so einen Nachklang unter uns. Entweder Süßigkeiten essen oder ein Bier trinken oder einen Schnaps oder irgendetwas. Da habe ich noch einmal auf eine andere Art und Weise sehr intensiv Gemeinschaft erfahren, wenn man dann so privat nachfeiern, lachen, froh sein kann.

A: Francesca spricht, wir bringen die Erfrischungen usw. Jede macht etwas anderes, aber alle sind beteiligt und jede ist wichtig.

P: Für mich ist es eine große Frage, ob wir entscheiden, nur diejenigen Kandidatinnen zu nehmen, die hineinpassen in dieses Muster, oder ob wir uns sagen, unsere Aufgabe ist das Gebet und die private Beziehung mit Gott und schauen dann, ob sich diese Einheit entwickelt oder nicht. Denn ich glaube, das kann man wirklich entscheiden, ob die Novizin so ist, dass sie dem Ganzen dient. Man kann es ausprobieren, und ich denke, das ist eigentlich in Ordnung, wenn wir uns von Anfang an so verstehen und legitimieren: In Prag sind Menschen, die zusammenhalten. Die anderen können woanders hin gehen, in ein anderes Kloster. Wenn du individualistisch beten willst, geh beispielsweise zu den Trappistinnen. Da kann man den Novizinnen sagen: »Das ist super, du bist gut, aber du gehörst nicht in diese Gruppe, denn wir wollen die dynamischen Schwestern sein, die zusammen etwas tun.« Diese Richtung kannst du vorgeben.

Wie kann man so eine Dynamik des Anfangs bewahren?

P: Für mich ist die Antwort, dass jede von uns die eigene Berufung lebt und den Weg findet, das heißt, ihre Gebetsform und ihr Tun entwickelt (bei mir zum Beispiel Restaurierung usw.) und sich entwickeln und verändern darf im Rahmen der Gemeinschaft. Und dass die Gemeinschaft sich weiterentwickelt. In dem Moment, in dem ich mich konservieren muss in der Form, wie ich am Anfang war, und das immer wiederholen muss und diesen Anfangseifer nur kopiere, wird es nicht laufen. Ich entwickle mich und in zehn Jahren begleite ich andere Menschen, bete ein bisschen anders mit ihnen, habe ganz andere Ideen, aber die sind für mich dann aktuell und Ausdruck meiner Gottesbeziehung und meines geistlichen Weges. Gleichzeitig versuche ich, die Gemeinschaft mitzunehmen, sie nicht zu überfordern, nicht zu unterfordern, und wir entwickeln uns gemeinschaftlich weiter. Gemeinsam machen wir andere Projekte, die immer noch lebendig sind.

Es darf nicht so sein: Am Anfang haben wir Taizé-Lieder gesungen und dann werde ich sie hundert Jahre lang singen. Das muss mit der Entwicklung der Musik, einem inneren Zentrum usw. weitergehen. Bei mir verstehe ich es so, dass es sehr wichtig ist, sich nicht konservieren zu müssen. Ich möchte keine Sache tun müssen, die mal funktioniert hat und in den Büchern steht. Alle wissen, dass sie dort steht, und wollen, dass wir das so tun. Dann wird es kühl.

A: Das auf jeden Fall. Für mich bleibt die Dynamik auch deswegen, weil sie mit den Menschen, die mit uns leben, kommt, das ist uns wichtig. Wenn wir nur das Eigene ohne Kontakt nach außen leben, werden wir gar nicht dynamisch, denn jedes Jahr ist auch davon bestimmt, welche neuen Kontakte wir haben. Vielleicht leben auch alte Kontakte wieder auf, und mit denen können wir etwas Neues entwickeln. Das bringt wieder andere Menschen zu uns und bedeutet gegenseitige Bereicherung.

P: Mir ist es wichtig, auf die aktuellen Bedürfnisse der Gesellschaft zu reagieren, mit ihnen zu leben, aber geistlich darauf zu antworten.

T: Ja, im Anfangsmodus bleiben, denn wenn du nach neuen Antworten auf die aktuellen Bedürfnisse suchst, suchst du für das, was dir entgegenkommt, eine Art Anfangsimpuls. Ich kam nach Prag, da gab es den Ort schon dreizehn Jahre lang und ich hatte trotzdem immer so ein Gefühl von: Wir gründen etwas. Oder wir suchen oder sind offen für das, was gerade kommt.

Gebetsweisen und Eucharistiefeier

Ein großes Thema, das schon erwähnt wurde, sind eigene Gebetsformen.

P: Im Gespräch mit anderen Ordensleuten gibt es immer wieder die Frage nach der täglichen Messe. Es wird gesagt, jeden Tag Messe ist wichtig, und nicht nur Kommunion. Das steckt in vielen Menschen, auch in uns. Wir müssen uns fragen, was macht das aus in unserer Beziehung zu Gott und für unser Gebet? Was ist das Wichtigste? Wir sind zu der Ansicht gekommen, es ist *nicht* die tägliche Messe. Es ist nicht ganz einfach zu beantworten. Denn wer jetzt zu uns kommt und auch die tägliche Messe will, hat es in sich, dass es das Wichtigste ist in der Beziehung zu Gott. Wir haben für uns entdeckt, wichtig sind die Fürbitten, die *Vesper*, der Wortgottesdienst, all das, was wir selbst unter uns halten können. All das ist wichtiger als die Messe, die wir in Břevnov haben können. Wir haben gesehen, dass die übrigen Gebete uns viel mehr verbinden. Das bringt uns in eine gemeinsame Mitte.

T: Es war zunächst auch wegen mir, weil ich wegen des Schulbeginns früh nicht zur Messe mitgehen konnte.

F: Und es ist von Břevnov ausgegangen, die in der Ferienzeit im Sommer keine tägliche Messe hatten. Damals hätten wir alle eigentlich noch die tägliche Messe gerne gehabt und sind wo auch immer hingefahren, damit bei uns kein Tag ohne Messe ist, das weiß ich noch.

A: Für mich ist das auch ein Grund für die Dynamik. Denn wir probieren, es anders zu machen, und dabei kommen wir zu der Einsicht: Eigentlich ist es für uns gut, wenn wir eine Meditation haben oder ganz andere Formen, die sind kostbar. Wir suchen einfach, was jetzt für uns wichtig ist, für die Gemeinschaft und jede Einzelne.

P: Wir stehen ja auch in der Entwicklung der Kirche, denn wir sehen, es gibt wenige Priester, so haben wir uns entschieden, Wortgottesdienste für die Gemeinde und für uns zu halten. Wir verstehen es für uns als Zeichen der Zeit und als Aufgabe. Die Priester beginnen, nicht das Wichtigste zu sein, die tägliche Messe ist nicht Gottes Wille für uns, ist nicht so zentral, wir haben es ausprobiert, für uns und die Menschen. Die gemeinsame Überzeugung, dass es um Christus geht, das ist für uns ausreichend. An dieser Stelle haben wir eine große Entwicklung durchgemacht, das hätten wir in den ersten fünf Jahren nie gewagt. Christus finde ich in der Gemeinschaft, viel mehr als bei diesem – ich sage nicht privaten, aber individuellen – Gebet, das entspricht einer anderen Lebensform. Wir bieten das an und wir haben es für uns wirklich gesucht und gefunden.

T: An Weihnachten haben wir nur jedes zweite Jahr einen Priester hier. Auch die Anbetung des Allerheiligsten kommt wieder als Gebetsform, vielleicht kann man die heute neu beleben als echte eucharistische Alternative.

A: Für uns als Benediktinerinnen ist doch heute wichtig, dass man Jesus nicht nur in der Eucharistie aufnimmt, sondern auch in Gottes Wort.

P: Ich will die tägliche Eucharistiefeier nicht werten. Wir gehen in diese Richtung und es ist unsere Wahrheit für unsere Zeit hier. Ich finde es sehr mutig, dass wir es machen, habe ein bisschen Angst, es so öffentlich zu sagen. Wir haben keine Oberin vor Ort und wir gehen nicht täglich zur Messe. Es braucht Energie, das kommt nicht von selbst, das haben wir erkämpft. Wir sind immer noch offen und auf der Suche.

Was braucht es denn als Grundvoraussetzung für das Leben hier? Gesundheit? Wären Pflegefälle schwierig?

F: Ja, das Haus ist nicht barrierefrei, wobei im Neubau ginge es schon. Aber mit Vollzeitpflegedienst.

P: Ich glaube, wir schaffen alles, aber wir müssten unser Leben anders definieren. Wir könnten in den Neubau umsiedeln, dort einen Flur mit Refektorium und Konventszimmer einrichten und sagen, die Pfarrei ist nicht mehr unsere Aufgabe. Und dann könnten wir eine Gemeinschaft sein, die einfach für sich lebt, in der Kirche betet und in der Küche isst und mit Gott lebt. Es wäre ganz anders, aber trotzdem, ich kann es mir vorstellen. Aber wir müssten total umdefinieren.

Ich danke euch!

Da es im Garten einen Aprikosenbaum gibt, der jedes Jahr reichlich Frucht trägt:

Aprikosenknödel (Merunkoví knedliky) – geht natürlich auch mit Zwetschgen

FÜR CA. 6 PERSONEN

- 1 kg mehlige Kartoffeln
- 300 g Mehl (zum Beispiel Dinkelmehl Typ 650)
- 1 Prise Salz
- 2–3 Eier, je nach Größe
- man kann etwas Quark dazumischen
- 1 kg kleine Aprikosen
- pro Obststück 1 Stück Würfelzucker
- 100 g Semmelbrösel
- 100 g Butter
- 30–50 g weißer Zucker oder Rohrzucker
- Zimt

Die Kartoffeln mit der Schale gar kochen, heiß schälen, gut abdampfen lassen, gleich durchschneiden und fein zerdrücken.

Die Aprikosen waschen, trocknen und aufschneiden. Den Stein entfernen und einen Würfelzucker hineingeben, wieder zusammendrücken. Die Kartoffeln mit dem Mehl, den Eiern und dem Salz zu einem Knödelteig verarbeiten.

Die Aprikosen einzeln in Knödelteig hüllen. Dazu mit gut bemehlten Händen auf der Arbeitsplatte einen gleichmäßigen Strang aus dem Teig formen und fingerbreite Stücke abschneiden. Auf jedes Teigstück eine Aprikose legen und den Teig drumherum formen, sodass sie ringsum mit Teig umhüllt ist. Auf eine mehlige Unterlage legen.

In einem Topf reichlich Salzwasser zum Kochen bringen. Die Knödel in Portionen ins kochende Wasser legen und bei milder Hitze 10 Minuten gar ziehen lassen. Die Knödel abtropfen.

Semmelbrösel in einer Pfanne in zerlassener Butter leicht bräunen lassen, Knödel darin wälzen. Dazu Zucker und Zimt servieren und Aprikosenkompott.

Danach eventuell einen Marillenschnaps oder, wenn es Zwetschgenknödel sind, Sliwowitz!

Was nachklingt

Die Schwestern, die dauerhaft in Prag leben und auch die ganze Gemeinschaft müssen immer neu einen Weg finden, sich zur Geschichte des Ortes zu positionieren. So war schon der Beginn und der Schritt, mit einer tschechisch-deutschen Gruppe *gemeinsam* dort zu leben, eine Grundsatzentscheidung. Das große Thema ist, wie man Versöhnung leben kann: zwischen Tschechen, Deutschen und anderen Nationen, die im Krieg miteinander stehen, zwischen den Religionen, zwischen Menschen, die diesen Ort aufsuchen und um Rat und Gebet bitten. Das kleine, unspektakuläre Zusammenleben sowie verschiedene Veranstaltungen sollen dafür ein Zeichen sein.

Auch die Stadt mit all ihren Herausforderungen ist ständig im Leben der Gemeinschaft präsent. Die Aufgaben finden kein Ende und fangen immer wieder von Neuem an. Kommt eine abends zurück, bringt sie die Situationen, mit denen sie konfrontiert wurde, mit in das Gebet und in die Gemeinschaft.

All dies praktizieren die Schwestern, eindrucksvoll darauf bedacht, dass sich nur ja nichts verfestigt, nichts »konserviert« wird. Sie suchen neue Formen der Leitung, erproben sich in der Liturgie, in der Gestaltung des Ortes usw. Die Spannung von *Sich-ansprechen-Lassen* und *Stille-und-Rückzug-Suchen* ist mir deutlich vor Augen, wenn ich an meine Aufenthalte in Prag denke. Immer gilt es, in das einzuschwingen, was gerade ganz ungeplant passiert. Meine deutsche Prägung hätte da manchmal gerne mehr Planungssicherheit. Gleichzeitig genieße ich es, dass spontane Umorientierung jederzeit möglich ist.

Die Schwestern betonen, dass jede sich verändern darf, auch und gerade in der Art und Weise, wie sie ihre Gottesbeziehung lebt. Gleichzeitig möchte jede die ganze Gemeinschaft auf diese Wege mitnehmen, denn auch die Gruppe als Ganze muss, darf und soll sich beständig weiterentwickeln. Natürlich ist der Gestaltungswille der Schwestern unterschiedlich stark ausgeprägt. Wenn eine irgendetwas einfach organisiert (sofern es nicht grundlegend ist), können die anderen das meist gut annehmen, etwa einer Theatergruppe das Areal für eine Aufführung zur Verfügung stellen oder Kunststudentinnen eine Mauer bemalen lassen. Grundsätzlich herrscht Vertrauen und Zutrauen dazu, dass das, was die jeweilige Schwester initiiert hat, richtig ist. Und wenn nicht – dann ist es auch nicht tragisch. Fehler machen darf sein.

»Gott suchen, wo er nicht vermisst wird«

KLOSTER ZUM HEILIGEN KREUZ, WECHSELBURG

Das Kloster Wechselburg mit seiner beeindruckenden Basilika liegt in Sachsen, unweit von Chemnitz. Es hat eine knapp tausendjährige Geschichte. Als Gründungsjahr der Kirche gilt das Jahr der Kirchweihe 1168. Die Geschichte des Klosters begann 1174 als Augustinerchorherrenstift (später vom Deutschen Orden übernommen). Infolge der Reformation wurde es 1539 aufgehoben und die Kirche profaniert. 1543 ging es in den Besitz des Herzogs Moritz von Sachsen über, danach als »Wechselburg« in den Besitz der Grafen Schönburg-Glauchau und wurde dann landwirtschaftlich genutzt. Von 1678 bis 1684 war die Kirche eine *evangelische* Schlosskirche, die nach der Konversion des Grafen Schönburg-Glauchau und seiner Ehefrau 1869 zur *katholischen* Schlosskirche wurde. 1871 bis 1884 erfolgte die Umgestaltung in eine katholische Kirche (mit Wandgemälden usw.).

1948 wurden im Zuge der sowjetischen Bodenreform die Besitzrechte an den Bischöflichen Stuhl Meißen übereignet. Seit dieser Zeit existiert die »Wallfahrt zum Heiligen Kreuz von Wechselburg«. 1957 wurde eine Pfarrei errichtet und bis ca. 1970 dauerte die Restaurierung zum ursprünglichen Zustand.

Nach der Wende wurde am 28. August 1993 das »Benediktinerkloster Wechselburg« durch den Konvent der Abtei Ettal

(Bayern) unter Abt Edelbert Hörhammer gegründet. Als Gründungsdatum wurde bewusst der Gedenktag des heiligen Augustinus gewählt, da einerseits Wechselburg ursprünglich ein Augustinerchorherrenstift war und andererseits der Gedanke der lebenslangen Gottsuche der klösterlichen Gemeinschaft ins Stammbuch geschrieben werden sollte. Wie die Missions-Benediktinerinnen in Dresden und andere Ordensgemeinschaften folgten sie dem Impuls, in Ostdeutschland wieder präsent sein zu wollen.

Am 14.9.2012 wurde Wechselburg zum abhängigen Priorat der Benediktinerabtei Ettal erklärt und am 12.11.2018 die Klosterkirche zur päpstlichen »Basilika minor« (päpstlicher Ehrentitel) erhoben, der ersten und bislang einzigen in Ostdeutschland. Dass die Kirche auch durch die DDR-Zeit hindurch als Pfarrkirche mit einer bedeutenden Wallfahrt existieren konnte, verdient besondere Erwähnung.

Drei der vier Gründermönche sind inzwischen verstorben: Pater Gabriel Heuser († 2018 in Wechselburg), Pater Rupert Sarach († 2021 in Ettal), Pater Ansgar Orgaß († 2022 in Ettal). Frater Clemens Schulze Forsthövel war von 1993 bis 1997 in Wechselburg, danach wieder in Ettal.

Aktuell besteht die Gemeinschaft aus zwei Mönchen und einem, der sich in Ettal darauf vorbereitet, nach Wechselburg zu gehen.

Eine »glückliche kleine Gemeinschaft«

Erfahrungen und Einsichten von P. Maurus Kraß, dem Prior

Du kennst beides, große und kleine Gemeinschaften – was sind für dich die besondere Chance und Herausforderung einer kleinen Gemeinschaft?

Eine kleine Gemeinschaft wie bei uns in Wechselburg ist nahe bei den Menschen. Die Mönche sind »nahbar«, d. h. man kann sie nach den Gebetszeiten direkt ansprechen. Eine Gästeaufnahme in der Gemeinschaft kann unmittelbar erfolgen. In einer kleinen Gemeinschaft mit Aufgaben im Bereich der Gastfreundschaft und der Betreuung der spätromanischen Basilika (Gottesdienste, Wallfahrten, Kirchenführungen, Orgelmusiken, Kirchenkonzerten usw.) kann dies aber nur in einem vertrauensvollen Zusammenwirken mit haupt- und ehrenamtlichen Mitarbeitenden gelingen. Dies schafft eine gute Verbundenheit zu den Menschen in der Umgebung.

Im Konvent sind Generalisten gefragt. Während in der großen Mutterabtei ein hohes Maß an Arbeitsteilung praktiziert wird, legt man in Wechselburg selbst Hand an, zum Beispiel bei der Wäschepflege, in der Küche, bei praktischen Diensten in der Kirche und so weiter.

Eine Herausforderung für eine so kleine Gemeinschaft wie in Wechselburg besteht darin, dass man sich auch mal »auf den Wecker geht«. Wir sprechen dies offen an und bemühen uns um eine Balance aus Gemeinschaftsleben und Zeiten für den Einzelnen.

Wenn wir zu zweit sind, essen wir zusammen Mittag. Wenn wir zu dritt sind oder Gäste dabei sind, halten wir beim Mittag- und Abendessen Tischlesung. Dies haben wir im September 2012 eingeführt, was die Atmosphäre in der Gemeinschaft merklich entspannt hat – man muss nicht immer reden.

Eine Gefahr einer Zweiergemeinschaft ist, dass sich der eine auf dem Engagement des anderen und dem der Mitarbeitenden ausruht.

Gebetszeiten als Alltagsstruktur

Wir beten um 6 Uhr die ***Vigilien*** in der Hauskapelle, ohne Gäste, alle übrigen Gebete finden immer in der Kirche statt: 6:45 Uhr ***Laudes***, 12 Uhr ***Mittagshore***, 18 Uhr ***Vesper***, 19:30 Uhr ***Komplet***. Die Eucharistie feiern wir Dienstag und Donnerstag um 7:15 Uhr, Montag, Mittwoch und Freitag um 12 Uhr, Samstag um 7:30 Uhr. Daran nehmen Menschen aus der Region und Hausgäste teil, manchmal sind wir auch allein. Am Sonntag feiern wir unter großer Beteiligung der »Basilika-Gemeinde« um 10:30 Uhr den Sonntagsgottesdienst.

Das ist das Spannende an unserem Gebetsleben: Manchmal sind wir erstaunlich viele und können festliche Gottesdienste feiern und dann stehen wir fast ganz allein vor Gott und beten stellvertretend für die Menschen. Wenn ich hier allein bin, gehe ich dennoch zum Gebet in die Kirche, schaue nach Mitbetern aus oder bete für mich.

Wir sind keine Pfarrei, vielmehr hat sich in den letzten Jahren eine Gemeinde von Menschen aus nah und fern gebildet, die sich Wechselburg verbunden fühlen. Darunter sind viele Suchende unterschiedlicher Weltanschauung.

Den Dienst des Hebdomadars (desjenigen, der der Liturgie vorsteht) wechseln wir jede Woche durch. Die Eucharistiefeiern teilen wir auf, je nachdem, ob Pater Joseph oder Besuch aus Ettal dabei ist.

Leitung – Hierarchie – Entscheidungsfindung

Du bist der Prior und der »Hausobere«, was bedeutet das konkret?

Entscheidungen, die unser Gemeinschaftsleben betreffen, bespreche ich mit Frater Victor meist bei einer Mahlzeit oder bei einem eigens vereinbarten Treffen in unserem kleinen Kapitelsaal. Dies waren in den letzten Jahren vor allem Fragen der Tagesordnung und die Erweiterung unserer Bibliothek. Meist mache ich einen Vorschlag und wir sprechen dann darüber. In der Regel übernimmt einer die Leitung eines Projekts (zum Beispiel Frater Victor bei der Bibliothekserweiterung) und der andere »geht mit«. Fragen der Personalführung, der Finanzen und Buchhaltung betreue ich als Prior und arbeite dabei sowohl mit unserer Wechselburger Verwaltungsmitarbeiterin als auch mit der Ettaler Klosterverwaltung eng und sehr vertrauensvoll zusammen. Außerdem kommt Abt Barnabas aus Ettal in der Regel alle zwei Monate für ein bis zwei Tage. Dabei spricht er mit uns individuell und als Gruppe.

Mitarbeitende und Gäste

Unser Jugend- und Familienhaus verfügt über rund fünfzig Betten. Und in den neuen acht Ferienwohnungen im äußeren Torhaus können wir bis zu 28 Gäste aufnehmen. Dort sind oftmals Gäste für »Tage der Stille«. Sie kommen individuell nach Wechselburg, versorgen sich selbst, können an unseren Gebetszeiten teilnehmen und werden nach Wunsch geistlich begleitet. Diese Möglichkeit der Gastfreundschaft wird rege genutzt und passt sehr zu den individuellen Bedürfnissen unserer Gäste – und ist für uns auch leistbar. Zusätzlich verfügen wir über fünf eher einfachere »Pilgerzimmer«, die auch gefragt sind.

Eine Mitarbeiterin kümmert sich um die Gemeinschaftsräume und die Ferienwohnungen. Sie kocht in der Regel dreimal in der Woche. An den anderen Tagen koche ich. Die persönliche Wäsche wäscht jeder selbst, sein Klosterzimmer reinigt jeder selbst. Eine Mitarbeiterin betreut das Büro und die Sakristei. Sie koordiniert die Belegungen im Gästehaus und springt ein, wo Hilfe notwendig ist. Unser Hausmeister ist ein Allrounder, der sich sehr für unser Kloster einsetzt. Im Gästehaus arbeiten zwei Frauen in der Hausreinigung und im Service. Das Mittagessen für das Gästehaus wird von einem Caterer geliefert.

Hauptaufgaben und Charisma

Inwieweit seid ihr ein spirituelles Zentrum?

Unser Leitwort lautet: *Gott suchen, wo er nicht vermisst wird.* Wir wollen selbst suchende Menschen bleiben und anderen Suchenden Gastfreundschaft anbieten. Ich glaube, dass dies eine benediktinische Grundausrichtung ist, die Zukunft hat.

Als Bischof Joachim Reinelt von Dresden-Meißen 1992 in Ettal darum bat, dass drei oder vier Mönche nach Wechselburg kommen, die dort in der Kirche beten, bei denen man »andocken« und mit denen man ein Gespräch führen kann, hat er schlicht und einfach eine Aufgabe beschrieben, die auch heute relevant und real ist – und die wir selbst mit wenigen Mönchen erfüllen können. Eine Jugendliche, die mit ihrer Firmgruppe in Wechselburg weilte, sagte zu mir, sie komme, »weil hier so viele Mönche« (drei!) sind.

Es kommen sehr unterschiedliche Menschen hierher: überzeugte, treue Gläubige aus der katholischen und aus evangelischen Kirchen, auch Freikirchen, Erwachsene zum Taufvorbereitungskurs, Menschen, die sich theologisch weiterbilden wollen, etwa das Mentorat zur Begleitung des theologischen Fernkurses.

An den beliebten Kirchenführungen nehmen meist Ungetaufte teil. Die romanische Klosterkirche mit ihrem Lettner und der Kreuzigungsgruppe ermöglicht dabei eine auf den Kern des christlichen Glaubens ausgerichtete, unaufdringliche Katechese.

Ich freue mich, wenn Menschen mit Freud und Leid zu uns nach Wechselburg kommen und Kraft suchen für ihren Alltag. »Ort des Gebets und der heilenden Kraft« – so lautet der Untertitel des Mitteilungsblatts unserer Basilika. In Fällen von Trauer und Leid wird uns erstaunlich großes Vertrauen geschenkt. Ich halte manchmal freie Beerdigungen für ungetaufte Menschen, die uns verbunden waren. Diese Offenheit wird uns hoch angerechnet.

Was bietet ihr außerdem noch an?

Wechselburg ist ein Ort der Jugend. Die viermal im Jahr stattfindende ***Jugendvesper*** wird von 150 bis 300 Jugendlichen besucht. Das Kloster arbeitet dabei mit der Jugendseelsorge des Bistums Dresden-Meißen zusammen. Schulklassen, FSJ-Seminare (für Teilnehmende an einem Freiwilligen Sozialen Jahr) und pfarrliche Jugendgruppen sind vor allem Gäste im Jugend- und Familienhaus.

Seit 2012 bieten wir vermehrt Exerzitienkurse an, für alle oder auch speziell für Priester, das schreiben wir bundesweit aus. Seit einigen Jahren haben wir auch Angebote für suchende Menschen, zum Beispiel Oasentage, Orgelmusiken mit spirituellen Impulsen, »Exerzitien für Atheisten«. Diese Einladungen werden erstaunlich gut angenommen.

Die säkulare Umgebung traut uns zu, dass wir mit der romanischen Basilika gut und passend umgehen: »Mönche und Mittelalter passen zusammen«, wird gesagt. Der Ort freut sich über Touristen und Gäste, die in den Geschäften den Umsatz fördern und Arbeitsplätze ermöglichen.

Im Bistum werden wir als geistlicher Ort wahrgenommen. Wir sind Ziel für Kinderwallfahrten, Caritas-Wallfahrten und Oasentage für den Malteserhilfsdienst, alle paar Jahre gibt es auch eine Behindertenwallfahrt. Die Bundeswehr kommt jedes Jahr im Oktober aus Anlass der Fußwallfahrt der Soldat:innen ostdeutscher Standorte zu uns. Wir unterstützen diese Wallfahrten mit unserer personellen und räumlichen Logistik. Ich selbst kann mich dabei auf die inhaltliche (liturgische und seelsorgliche) Mitarbeit konzentrieren: begrüßen, predigen, Workshops, Kirchenführung, »Frag den Mönch!«, ansprechbar sein, einfach Gastgeber sein. Das passt sehr gut zu unseren Möglichkeiten.

Beziehung zum Mutterkloster?

In der Regel bleiben wir in Wechselburg. Ich selbst fahre mindestens alle zwei Monate nach Ettal und nehme an Sitzungen des Seniorates als geborenes Mitglied teil. Für das Konventkapitel habe ich einen Mitbruder meines besonderen Vertrauens als Delegierten gewonnen. Er stimmt für mich ab und informiert über den Verlauf der Beratung. Frater Victor fährt eher selten nach Ettal.

Wenn einer pflegebedürftig ist, betreuen wir ihn in Wechselburg weiterhin. Es stehen dafür auch zwei Pflegebetten zur Verfügung. Vor allem besteht aber ein sehr gutes persönliches Netzwerk aus engagierten und fachkundigen Menschen inklusive zweier Palliativmedizinern, die uns hilfsbereit zur Seite stehen. Als Pater Gabriel 2017/2018 in zunehmendem Maß an seiner Tumorerkrankung litt, konnte er ergänzend und nachfolgend zum Klinikaufenthalt bei uns pflegerisch gut betreut werden – wie in einem modernen Hospiz –, bis zu seinem Tod im September 2018. Beerdigt werden wir dann in der Klostergruft von Ettal.

Die materielle Basis

Das Klostergebäude und das Gästehaus gehören der Abtei Ettal. Wir erhalten einen jährlichen Zuschuss für unsere Gästearbeit vom Bistum. Das Torhaus mit den Ferienwohnungen gehört dem Verein der Freunde unseres Klosters. Wir haben es gemietet und übernehmen alle Unterhaltskosten und Nebenkosten.

Die Basilika und das baulich damit verbundene »Haus der Begegnung« gehören dem Bistum. Wir dürfen dies alles nutzen. Auch diese Zusammenarbeit mit dem Bistum ist sehr gut. Da ich auch geistlicher Begleiter für die Ständigen Diakone in der Ausbildung bin, finden die Ausbildungstreffen regelmäßig in Wechselburg statt. Ebenso kommen die Schulleitungen und Lehrkräfte der Bistumsschulen zu ihren jährlichen Klausurtagungen nach Wechselburg. Ich wirke dabei immer mit Impulsen mit. Für meine pastoralen Aufgaben im Namen des Bistums erhalte ich ein Gestellungsgehalt.

Wir führen einen Klosterladen, der auch eine pastorale Bedeutung hat, da Menschen die niederschwellige Gelegenheit haben, uns anzusprechen. Zur Freude der Klosterverwaltung Ettal schreiben wir eine »schwarze Null«. Die Zusammenarbeit mit dem Ettaler Cellerar und seinen Mitarbeitern ist sehr gut.

Wie kann eine solche Lebensform gelingen?

Aus deiner Erfahrung: Was ist wichtig, damit es, wie du in deinem Beitrag geschrieben hast, eine »glückliche kleine Gemeinschaft« (Literaturhinweis im Anhang, beim Personenverzeichnis) wird und bleibt?

Ein Mönch in unserer kleinen Wechselburger Gemeinschaft braucht Lebenserfahrung, gute Nerven und eine frustrationsresistente Liebe zum benediktinischen Leben – und natürlich zu den Menschen, die es gemeinsam mit ihm leben. So kann das Zusammenleben in einer so kleinen Gemeinschaft möglich sein.

Er sollte Menschen mögen, was bedeutet, er sollte gastfreundlich sein und sich darauf freuen, Menschen zu begegnen, die eine ganz andere Weltsicht haben. Im praktischen Zusammenleben sollte es ein Allrounder mit persönlichen Stärken bzw. Kompetenzen sein (als Handwerker oder Koch, im Garten oder Ähnliches).

Freundschaften auch außerhalb des Klosters sind für uns eine wichtige Kraftquelle für unser Leben. In einem so kleinen Kloster mit weniger strengen Klausurregeln können wir leichter persönliche Gäste zu einem Essen einladen, was sehr schön ist. Ich selbst lebe stark aus der Gastfreundschaft. Ich lade gerne dazu ein und empfange sie auch gerne.

Da ich immer präsent sein will und muss, bedarf ich eines Rückzugsortes für einen Wüstentag oder einen freien Tag. Da bin ich noch auf der Suche. Das Anforderungsprofil für den Pförtner in der Benediktsregel ist für mich ein Leitbild für mein eigenes Leben in Wechselburg mit viel Eigenverantwortung.

Ich sehe in einer solch kleinen Gemeinschaft ein Zukunftsmodell für unsere Klöster und unsere Kirche. Dies habe ich in meinem Beitrag über »Glückliche kleine Gemeinschaften« beschrieben. In unserer wunderschönen romanischen Klosterkirche und in den oben beschriebenen Aufgaben gelingt es mir, ein menschlich und geistlich erfüllendes Mönchsleben zu führen. Da ich Menschen mag, bin ich dabei sehr glücklich.

Bei uns ist dies ein beliebtes Montagsgericht:

Kartoffel-Bohnen-Eintopf
mit Wechselburger Kümmelknackern

Zutaten:

(Menge je nach Teilnehmenden variieren)

- Zwiebeln, Speckwürfel, Griebenschmalz
- Kartoffeln
- Salz, Pfeffer, Knoblauch, Rinderbrühe
- Brechbohnen
- Wechselburger Kümmelknacker, ersatzweiße Mettwürstchen

In einem großen Topf Zwiebeln und Speckwürfel in Griebenschmalz leicht anbraten. Geschälte Kartoffeln kleingewürfelt dazugeben und auf mittlerer Temperatur anschwitzen.

Mit Salz, Pfeffer und etwas Knoblauch würzen. Immer wieder umrühren. Rinderbrühe dazugeben und kurz aufkochen und dann köcheln lassen. Frische oder gefrorene Brechbohnen hinzugeben und auf mittlerer Flamme mitkochen.

Wechselburger Kümmelknacker vom örtlichen Fleischer im Ganzen an den Fettstellen jeweils leicht anstechen, sodass das Fett in die Suppe auslaufen kann. Zur Not gehen natürlich auch westfälische Mettenden o. Ä. Knacker hinzufügen, kurz aufkochen und dann mitköcheln lassen. Das Fett und das Aroma verbinden sich mit dem Eintopf.

Dann den Eintopf ohne Hitze einige Zeit ruhen lassen, bis sich das Fett oben absetzt. Danach Fett abschöpfen, den Eintopf abschmecken und zusammen mit einem herzhaften Mischbrot servieren.

Guten Appetit!

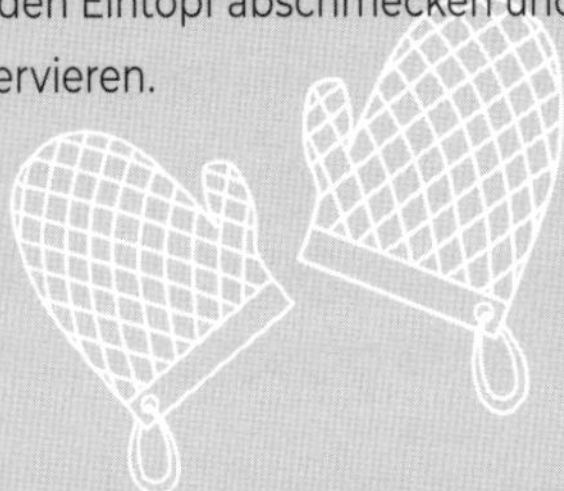

Was nachklingt

Mein erster Besuch in Wechselburg liegt einige Jahre zurück, damals war es noch eine andere Gruppe, die dort lebte. Die unglaublich schöne romanische Kirche, die Gebäude und nicht zuletzt das viele Grün rund um das Kloster haben einen tiefen Eindruck hinterlassen. Denn ich bin davon überzeugt, dass auch Schönheit im Sinn von Harmonie eine Ausstrahlung hat, die wirkt. Vor allem habe ich jedoch den Mut bewundert, in dieser säkularen Umgebung schlicht und einfach präsent zu sein, mit einer kleinen Gruppe von Brüdern zu beten, Menschen zu empfangen, auf sie zuzugehen oder sie auf ihren Wegen zu begleiten. Menschen, die oft schon mehrere Generationen weit vom christlichen Glauben entfernt sind. Ich erinnere mich, was mir einer der Mönche erzählte: Vor Antritt einer Gruppenreise kämen öfter die kleinen Schüler und Schülerinnen mit ihren atheistischen Eltern, und dann sei es ganz wichtig, dass sie sich um den Altar versammeln und er dort einen Segen für die Reise spricht. Ein Zeichen, zu dem sie einen Zugang finden und dem sie Bedeutung beimessen, das ihnen Schutz für die Kinder verspricht, woher auch immer er kommt.

In Wechselburg ist die Aufgabe und das Charisma der Brüder die Weitergabe des Glaubens in einer religiös indifferenten Umgebung. Dafür ist eine kleine Gemeinschaft, wie sie es sind, ein gutes Modell. P. Maurus zitiert in seinem Text über »Glückliche kleinen Gemeinschaften« Papst Benedikt den XVI., der von »schöpferischen Minderheiten« spricht, die zu neuer geistiger Kraft zurückfinden und damit ansteckend wirken können.

Auf Wechselburg angewandt und basierend auf der Benediktsregel heißt das: Gott suchen, benediktinische Gastfreundschaft anbieten, so, wie es den Kräften entsprechend möglich ist, offen bleiben für die suchenden, skeptischen, fragenden, trauernden Menschen. Nicht um sich selbst kreisen und sich eine »frustrationsresistente Liebe zum benediktinischen Leben« (P. Maurus) immer neu erarbeiten. Ein solches Leben kann zum Schlüssel werden für eine glückliche kleine Gemeinschaft. Darum bemühen sich die Brüder mit großem, bewundernswertem Engagement.

»Wir müssen die Zukunft des Ordenslebens von den kleinen Gemeinschaften her neu denken!«

ABTEI ST. GEORGENBERG TIROL/ÖSTERREICH

In der jetzigen Form lebt die Gemeinschaft auf dem St. Georgenberg seit 2019. Das Kloster kann auf eine rund tausendjährige Geschichte zurückblicken. Auf einer Felsnadel oberhalb des Inntals stehend, wurde es 1138 zur Abtei erhoben. Seitdem leben die Mönche dort nach der Regel des heiligen Benedikt. Im Lauf der Jahrhunderte entwickelte es sich immer mehr zu einem für die Menschen der näheren und weiteren Umgebung wichtigen Wallfahrtsort. Das Gnadenbild der Schmerzhaften Mutter, eine Pietà in der Lindenkirche oberhalb des Stiftes, der bedeutende Reliquienschatz und seit ca. 1310 die auf ein eucharistisches Wunder zurückgehende Heilig-Blut-Reliquie waren und sind die Hauptanziehungspunkte. Wie alle Klöster hat auch dieses eine wechselvolle Geschichte. Die Gruppe der Mönche, die auf dem Berg lebte, war aufgrund der begrenzten Möglichkeiten in dem Felsenkloster nie groß. 1967 schloss sich die Gemeinschaft der Kongregation der Missions-Benediktiner von St. Ottilien an. Zwar lebten die meisten Brüder seit 1708 in der Barockanlage in Fiecht unterhalb des Georgenbergs, doch als klar war, dass dieses Haus zu groß wurde, beschloss die Gemeinschaft, das Kloster Fiecht zu verkaufen und von dem Ertrag das kleinere Kloster auf dem Georgenberg zu renovieren und zu erweitern. 2019 wagten sie einen Neuanfang, seit

2021 mit dem Abtpräses der Ottilianer Kongregation Jeremias Schröder als Administrator.

So ist die Gemeinschaft auf dem Georgenberg mit ihrer tausendjährigen Geschichte zwar uralt, aber als kleine Gemeinschaft in neu gestalteten Räumen und mit einem neuen Oberen auch wieder sehr jung.

Mit Abtpräses Jeremias Schröder habe ich das folgende Gespräch bei uns in der Abtei Venio geführt. Seine Wege bringen ihn auch weltweit immer wieder in andere kleine Gemeinschaften. Etwas von seinen Erfahrungen dort kommt hier ebenfalls zur Sprache.

Leben auf dem Berg und in der Welt

Gespräch mit dem derzeitigen Oberen,
Abtpräses Jeremias Schröder

Es gibt in der österreichischen Zeitschrift der benediktinischen Ordensgemeinschaft »Füreinander« (Heft 1/2023) einen Artikel über euch und ein Foto. Darauf sind sechs Mönche zu sehen. Ist das die aktuelle Gruppe?

Ja, wir sind genau diese sechs, einer hat gerade seine Profess auf uns übertragen (das bedeutet, er ist ursprünglich in ein anderes Kloster eingetreten und hat sich danach, mit Zustimmung seines Abtes und der Gemeinschaft von St. Georgenberg für den Übertritt entschieden), und einer ist gesundheitlich schwach.

Wie viel Zeit verbringst du normalerweise dort?

Ich war jetzt selten in St. Georgenberg, letztes Jahr ziemlich häufig, und die zweite Hälfte dieses Jahres hoffe ich wieder mehr dort zu sein. Das ist derzeit schon mein Schwerpunkt.

Was ist für dich persönlich in der kleinen Gemeinschaft das Besondere im Vergleich zu großen Gemeinschaften?

Für mich war das Besondere und Unerwartete der Aufgabe am Georgenberg, dass man als Oberer gleich mit ganz vielen Dingen unmittelbar befasst ist. St. Ottilien ist so ein riesiger Apparat, und als ich Erzabt von St. Ottilien war, war ich auch Abtpräses, da waren immer so viele Instanzen dazwischengeschaltet – die Klosterverwaltung, die verschiedenen Bereichsleiter usw. Ich habe im Grunde vor allem koordiniert und mich weniger wirklich konkret um Einzeldinge gekümmert. Am Georgenberg ist es tatsächlich so, dass ich in ganz vielen Bereichen unmittelbar drin bin, etwa wie das Archiv jetzt betrieben wird oder was wir in der Seelsorge machen, Fragen der Klosterverwaltung usw. Da bietet sich für mich wieder viel mehr Gestaltungsmöglichkeit als ich es vorher hatte. Das macht mir Freude, ich merke, ich habe so eine praktische, so eine Macherseite. Das kommt mir da sehr entgegen. Das würde ich als Erstes nennen.

Was außerdem für mich so erfreulich ist, was ich so kaum erwartet hatte: wie angenehm die menschlichen Beziehungen sind. Da haben wir wirklich Glück miteinander. Wir sind nicht alle gute Freunde, aber es ist ein gutes Miteinander, man muss sich nicht aus dem Weg gehen, das ginge auch nicht. Es ist wirklich ein schönes Aufeinander-Angewiesensein, Miteinander-Sein. Dadurch, dass wir den Alltag so intensiv teilen, lernen wir uns besser kennen. Nicht, dass wir ganz persönliche, tiefschürfende Gespräche haben, sondern da wir uns viel mehr im Alltag erleben, erleben wir auch, was beim Einzelnen geht oder nicht.

Könntet ihr einen Novizen aufnehmen?

Wir werden am 1. Oktober einen Novizen aufnehmen. Wir haben es noch nicht abschließend besprochen, aber ich denke, er wird mindestens drei Monate des Noviziates in einem anderen Kloster verbringen. Er soll auch in einer Noviziatsgemeinschaft sein und das Leben eines größeren Hauses kennenlernen. Aber wir trauen uns zu, grundsätzlich ein adäquates Noviziat aufrechtzuerhalten.

Seid ihr eigentlich in der Hoffnung auf Wachstum?

Ja, aber viel Wachstum geht nicht, weil wir gar keinen Platz haben; wir haben acht Mönchszellen, sechs sind belegt, jetzt kommt der Novize, dann sind sieben belegt. Einer von unseren alten Mitbrüdern ist so schlecht beieinander, dass er wohl demnächst nach St. Ottilien geht. Aber viel mehr können wir gar nicht sein. Wir brauchen auch nicht mehr. Für die Arbeit, die wir haben, sind vier bis fünf Aktive leicht ausreichend. Das Haus gibt die Größe vor.

Wir haben außerdem sieben Gästezimmer mit neun Betten – und eine gewaltige Auslastung. Es gibt eine Website, die heißt *stillefinden.org*. Da werden wir aufgeführt als einer dieser besonderen Orte, wo man einen Urlaub machen kann, der anders gestaltet ist. Über diese Website kommen viele zu uns, und wer einmal da war, erzählt es weiter. Was den Gästen auffällt, ist, dass sie bei uns sehr weit mit ins alltägliche Leben hineingenommen werden, viel weiter als in den größeren Klöstern. Sie nehmen an unserem Essen im Schweigen mit Tischlesung teil. Wir machen Tischlesung mit Audiobüchern. Als ich angefangen habe, waren ja nur noch drei Mitbrüder da, sodass die klassische Tischlesung nicht mehr möglich war. Da ich die Tischlesung immer als sehr stimulierend empfunden habe, haben wir das dann mit den Audiobüchern probiert und es funktioniert hervorragend.

Außerdem haben wir ein paarmal in der Woche nach dem Abendessen Recreation mit den Gästen, da wird manches aus der Tischlesung richtig nachbesprochen, die Leute haben viele Fragen. Durch die Gäste wird die Recreation auch für uns oft sehr lebendig. Das sind ca. 25 Minuten. Erst spülen wir noch, ein oder zwei fangen schon mit den Gästen an zu sprechen. Die anderen stoßen anschließend dazu, bis es zur ***Komplet*** läutet.

Was sagst du zu der These von Papst Franziskus, dass es wichtig ist für die Zukunft, auf die kleinen Gemeinschaften zu schauen?

Er hat gesagt, man muss das Ordensleben neu denken von den kleinen Gemeinschaften her. Ich habe es live gehört und mir eingeprägt. Das hat mich aus meiner persönlichen Erfahrung heraus sehr angesprochen. Denn ich glaube, dass wir das an einigen Orten bei uns in der Kongregation genau so erlebt haben. Ich war in meiner Jugend ein resoluter Verfechter und Verteidiger der Großkonvente. Der Geschmack am Leben in kleiner Gemeinschaft ist bei mir erst sehr spät gekommen, vor allem durch die Erfahrungen in unserem Haus in Rabanal del Camino, Spanien. Diese kleine Gemeinschaft am Jakobsweg ist sehr wichtig als Ort der Betreuung von Jakobspilgern. Dort sind derzeit drei Mitbrüder; sie versuchen einen Vierten zu finden, weil die Arbeit sehr viel ist.

Ich merke auch, wie unser Leben in der kleinen Gemeinschaft Mitbrüder inspiriert, die uns besuchen, etwa wenn sie aus St. Ottilien zum Urlaub oder für Exerzitien zu uns auf den Georgenberg kommen. Da erfahren sie Dimensionen des Gemeinschaftslebens, die uns in den großen Gemeinschaften ein bisschen abgehen und die sie als Bereicherung mit nach Hause nehmen. Ich war in der Abtei von Ampleforth und der neue Abt dort, Robert Igo, war über ein Jahrzehnt Oberer einer winzigen Gründung in Simbabwe. Er hat so etwas Ähnliches gesagt: Das Leben in der kleinen Gemeinschaft hat ihm einen neuen Zugang zum benediktinischen Mönchs- oder Gemeinschaftsleben verschafft. Ich denke, er möchte das in irgendeiner Weise in Ampleforth in Anwendung bringen. Das wird nicht leicht – ich kenne das Haus von früher: riesige Anlagen, viele alte Männer, ein typischer neugotischer Bau. Im November war ich dort, tagelang keine Sonne. Ich dachte mir: »Wow! Es wird nicht leicht, die Simbabwe-Erfahrung hierher zu übertragen. Aber ich wünsche dem Abt viel Glück. Vielleicht gelingt es ihm ja doch, das Eine oder das Andere hier hereinzubringen.«

Habt ihr Angestellte?

Wir haben sechs Angestellte, die Verwaltung ist unten im Tal, da sind es zwei Damen. Wir sind das einzige Stift in Österreich mit einer Ökonomin. Wir haben oben im Kloster einen Koch, eine Buchhalterin, einen Hausmeister und noch einen zweiten Hausmeister, der mithilft. Der Koch ist ein sogenannter Haubenkoch, das heißt, er hatte in einem der Restaurants, in denen er früher gearbeitet hatte, zwei »Hauben« als Auszeichnung im berühmten französischen Restaurantführer Gault Millau. Dass er bei uns gelandet ist, hat sich eher zufällig ergeben, er hatte sich auf die Stelle beworben und genießt es, dass er raus ist aus dem Stress der Hochgastronomie. Er geht jeden Tag zu Fuß herauf, das ist so sein Fitnessprogramm, und versorgt uns grandios und gesund.

Leitungsstruktur und Hierarchie

Wie laufen bei euch Entscheidungsprozesse ab?

In den Konstitutionen von St. Ottilien gibt es keine eingesetzten Oberen, bei uns wird immer gewählt. Weil das Kapitel in St. Georgenberg aber nicht mehr funktionsfähig war, wurde ich durch den Heiligen Stuhl als Abt-Administrator eingesetzt. Auf meinen Vorschlag wurde dabei auch verankert, dass der Kongregationsrat einen Administrationsrat benennt. Der besteht aus drei externen Mönchen. Dieser Rat hat die Kompetenzen, welche in unseren Konstitutionen dem Kapitel und Seniorat zukommen. Nächste Woche haben wir wieder eine Sitzung, da gibt es eine Reihe von Themen, die wir durchsprechen. Es geht vor allem um Wirtschaftliches. Und wir hatten eine Professübertragung (s. o., ein Mönch einer anderen Abtei wechselte nach St. Georgenberg), das muss natürlich vom Kapitel genehmigt werden. Alles, was das Alltagsleben betrifft, wird in der Gemeinschaft vorbesprochen. Für die größeren Entscheidungen, etwa Investitionen, bin ich zuständig. Den Alltag, das Liturgische usw. regelt eher der Prior P. Gottfried. Er ist auch Kantor und Zeremoniar.

Grundsätzliches wie die Veränderungen der Tagesordnung besprechen wir ebenfalls in der Hausgemeinschaft. Wir haben zum Beispiel unser Gästewesen umgekrempelt. Nicht ganz einfach war die Reduzierung der Wallfahrtsgottesdienste.

Es klingt für mich nicht so, als ob es eine total flache Hierarchie wäre, sondern es gibt schon eine Über- und Unterordnung?

Ja, bevor der Administrationsrat kommt, wird alles, was das Leben in der Gemeinschaft betrifft, zuerst mit den Mitbrüdern besprochen. Der Obere stellt Vorüberlegungen zu den anstehenden Entscheidungen an, dann erst wird das dem Administrationsrat vorgelegt. Es braucht auch deshalb eine gewisse Struktur, da wir immer noch eine selbstständige Abtei sind. Das muss ich manchmal der Kongregation erklären. Von der Größe des Konventes her ist es wie eine kleine Niederlassung; vom ganzen Apparat her, der dranhängt, ist es eine Abtei.

Wie sieht das Chorgebet bei euch aus?

Die Mitbrüder lieben das Chorgebet sehr. Wir haben um sechs Uhr ***Vigil*** und ***Laudes***. Dann ist Frühstück und Arbeitszeit. Zwölf Uhr ist ***Mittagshore*** und Mittagessen. Um fünfzehn Uhr haben wir Messe, wegen der Wallfahrer, und dann um achtzehn Uhr wieder ***Vesper***, zwanzig Uhr ***Komplet***. Die Wallfahrt ist bei uns sehr wichtig. Auch wenn einmal niemand kommen kann, zum Beispiel weil es zu viel geschneit hat, ändert sich nichts. Die Messe ist im Sommer in der großen Wallfahrtskirche. Dort ist es im Winter eiskalt, daher gehen wir dann in die kleine Chorkapelle. Manchmal ist niemand da, manchmal kommen zwanzig Menschen, die durch den Schnee gestapft sind. Gleichzeitig ist das unsere Gemeinschaftsmesse. Bei uns wird viel gesungen, wir haben das Glück, dass wir mehrere Mitbrüder haben, die gut singen können, und wir haben auch einen guten Kantor.

Was die große Gemeinschaft von St. Ottilien betrifft: Kannst du dir vorstellen, dass sie etwas von euch lernen, dass da etwas zurückfließt?

Interessant – das weiß ich noch nicht. Erst einmal war es für mich wichtig, für mein persönliches Engagement. Ich war früher schon als Präses involviert. Die Äbte unserer Kongregation haben mir signalisiert: Das wird nichts mehr, du musst die Schließung vorbereiten. Und da dachte ich, nein, das ist zu einfach. Dieses Haus, mit der Aufgabe, die es hat, und mit dieser Geschichte, das kann man nicht so einfach schließen. Es ist ja nicht nur ein kleines abhängiges Haus.

Wir haben in den vergangenen Jahren die Häuser auf dem Jakobsberg und in Damme geschlossen, das war alles schwer und mühsam genug, aber das ging irgendwie noch. Das wäre auf dem Georgenberg mit dieser tausendjährigen Geschichte und diesen vielfältigen lebendigen Beziehungen auf allen Ebenen gar nicht gegangen. Da muss man eine gewisse Hartnäckigkeit aufbringen, um nochmal kreativ zu schauen, wie kann ein Haus anders weiter existieren, wenn auch vielleicht nicht in der Vollform einer Abtei. Wir hatten natürlich die günstige Situation, dass ein kleines Haus zur Verfügung stand, in das man umziehen konnte.

Die Immobilie gab wohl nicht mehr das her, was die Brüder leben wollen?

Ich kenne das Problem der Schwestern von Stanbrook, die hatten einen viktorianischen Bau in Westengland und haben dann vor zwanzig Jahren entschieden, das geht nicht mehr, es ist viel zu groß und nicht organisierbar. Ich habe das damals aus der Ferne eher bedauert, aber die Schwestern kürzlich am neuen Ort besucht. Sie sind jetzt in Yorkshire und haben sich wirklich für ihre Größe und ihren Lebensstil ein passendes schönes neues Kloster gebaut.

Wir als Kongregation haben im 19. Jahrhundert erlebt: Wir hatten mehrfach Angebote, irgendwelche alten Barockklöster zu übernehmen. Zum Glück ist das immer schiefgegangen. Ich habe mir immer gedacht, was für ein Segen, dass wir uns selbst unsere eigenen Klöster bauen konnten, so wie man es im 19. Jahrhundert gemacht hat, und nicht in die Form hineingezwängt wurden, die eine andere monastische Kultur geprägt hat.

Ich finde das sehr wichtig, dass ihr sagt, ihr könnt nicht mehr als sieben oder acht werden, da ist eine Struktur schon vorgegeben.

Ja, das ist interessant: Wenn ich mir vorstelle, es käme noch ein Novize, was würden wir dann machen? Da stehen wir in der Tradition des österreichischen Mönchtums, bei dem der Seelsorgs-Einsatz außer Haus durchaus denkbar ist, das gehört ebenfalls zur Geschichte vom Georgenberg dazu. Und das passt natürlich zum Rahmen der Kongregation von St. Ottilien, wo wir sagen: Wenn wir einmal zu viele wären – das sind Luxusprobleme, die haben wir noch nicht –, kann man immer noch sagen, gut, dann hilft mal jemand drei Jahre woanders aus. Wir haben eine gewisse Flexibilität in unseren Strukturen, die andere nicht so leicht zur Verfügung hätten.

Aber ihr denkt nicht in die Richtung, irgendwo eine neue Cella zu gründen?

Davon sind wir weit weg. Wenn wir den Personalstand halten können, den wir vor Ort brauchen, ist es schon gut. Wir haben einen Bruder aus der Kongregation bekommen, aus Tansania, der ist jetzt 26 Jahre alt, ein wunderbares Geschenk – durch seine Jugend, seine unkomplizierte Art und sein großes kulturelles Einfühlungsvermögen, sprachlich und auch sonst. Das ist wirklich ein ganz großer Glücksfall für die Gemeinschaft. Ursprünglich war meine Erwartung, dass ich das notfalls mit ein oder zwei Brüdern aus der Kongregation am Leben erhalten will.

Ich denke mir schon seit einiger Zeit, dass wir vielleicht nicht alle selbstständigen Klöster erhalten können. Aber wir sollten doch nach Möglichkeit die benediktinischen Orte erhalten, wo dann eine benediktinische Prägung stattfindet, auch wenn wir nicht mehr den ganzen großen Apparat mit Abt, Kapitel und Seniorat haben können. In St. Georgenberg sind wir immer noch ein selbstständiges Kloster, und ich spüre in mir die Tendenz: Hoffentlich können wir das auch irgendwie wahren. Eine kleine Gemeinschaft braucht dazu auf jeden Fall ein Netzwerk, das sie stützt. Und das ist einerseits ein Ordensnetzwerk. Wir haben zum Beispiel jetzt schon einen Mitbruder in St. Ottilien in der Infirmerie, vielleicht demnächst einen zweiten, weil wir das selbst nicht mehr leisten können. Das Noviziat werden wir ein bisschen auslagern, für drei Monate. Wir haben administrative Beratung durch einen Mitbruder aus Münsterschwarzach, durch den Subprior von St. Ottilien und durch den Kongregationsprokurator. Das brauchen wir auch und das ist sinnvoll. Dann können wir gut funktionieren. Und wir haben vor Ort Angestellte und verschiedene Berater, die uns zur Hand gehen bei komplexen Fragen.

Ihr seid ganz eng angebunden an die Kongregation?

Als Präses habe ich früher schon auf so eine Anbindung gedrängt, weil ja absehbar war, dass das in Fiecht nicht mehr lange gutgeht. Wir haben damals das Konzept der ***Anlehnung*** entwickelt. Der Konvent von Fiecht sollte sich an ein anderes Haus anlehnen – damals war Münsterschwarzach geplant. Das ist gescheitert. Da waren sicher Ängste da, dass man an Autonomie verliert, und darum wäre es auch gegangen. Deswegen haben die Mitbrüder erst einmal selbst weitergewurstelt, und das ging irgendwann nicht mehr. Das Anlehnungskonzept war damit aber vom Tisch. Jetzt haben wir eine andere Form gefunden, wie ein Kloster unterstützt werden kann und trotzdem noch hinreichend Autonomie im Alltag behält.

Was kann man an so einem Ort tun, dass man die Anfängerdynamik behält?

Das kann man gar nicht, das muss man auch nicht. Ich wünsche aber jedem, dass es in seiner Biografie immer wieder Phasen des Aufbruchs gibt. Das ist natürlich in unseren großen Klöstern schwierig. Ich habe das am meisten bei den Mitbrüdern bedauert, die Lehrer geworden sind. An sich haben wir bei den Männerklöstern das System, dass das Theologiestudium zu fast allem befähigt. Einer, der mal Novizenmeister war, kann auch Kantor werden oder Verwalter usw. Da gibt es immer die Möglichkeit, sich weiterzuentwickeln und etwas anderes zu machen. Nur unsere Lehrer, die machen bis zur Pensionierung das immer Gleiche. Es ist gut und hilft dem Einzelnen, wenn es in der Gemeinschaft etwas Neues gibt. Aber dass es danach wieder gemächlich weitergeht, das ist der Lauf der Dinge.

Es geht darum, offen zu bleiben, wenn sich etwas ergibt. Wenn man merkt, da ist eine Veränderung möglich, soll man diese Möglichkeit beherzt ergreifen. Ich habe es bewundert, wie Pater Rafael, mein Vorgänger als Prior-Administrator am Georgenberg, zu Beginn seiner Amtszeit gesagt hat: »Ich mache das nur, wenn wir uns darauf verständigen, dass wir nicht hier in Fiecht bleiben. Hier strampeln wir uns nur noch ab, um etwas am Leben zu erhalten, das nicht mehr geht.« Die Gemeinschaft hat das mitgetragen. Und so hat er im Wesentlichen den Verkauf, die Renovierung und den Umzug gestaltet. Ich habe sehr bewundert, wie er die Kraft und Energie dazu aufgebracht hat.

Hättet ihr eigentlich einen eigenen Friedhof, wenn jemand dort beerdigt werden möchte?

Wir haben vier Friedhöfe! In eintausend Jahren Geschichte kommt eben einiges zusammen. Es ist tatsächlich vor ein paar Wochen ein Mitbruder gestorben, aber das war wieder sehr speziell. Er war Pfarrer und ist in seiner Pfarrei beerdigt worden, das war sein ausdrücklicher Wunsch. Auf dem Georgenberg gibt es die alte Maxime, die mal ein Mitbruder formuliert hat: »In Fiecht darf jeder machen, was er will, aber selbst dazu ist er nicht verpflichtet.« Da gibt es so eine Generosität, die aus der alten österreichischen Tradition kommt. Wir sind gerade dabei, den alten Friedhof an der Lindenkirche oben am Georgenberg zu rehabilitieren. Ein auswärtiger Freund der Gemeinschaft hat schon um Erlaubnis gebeten, dort begraben zu werden. Ich habe alle Mitbrüder im Konvent gebeten festzuhalten, wo sie begraben werden möchten. Die meisten wollen dort begraben werden.

Wie siehst du die kleinen Gemeinschaften in der Weltperspektive, was hast du da zum Beispiel erlebt?

Zunächst zur historischen Perspektive: Die monastische Ideologie des 19. Jahrhunderts hat unsere Wahrnehmung sehr eingeengt. Große mittelalterliche Netzwerke umfassten neben den Großklöstern auch hunderte von kleinen Zellen. In der Ottilianer Kongregation gibt es dazu ganz interessante Modelle, bei denen monastischer Anspruch und missionarische Erfordernisse irgendwie zusammengebracht werden mussten.

Aktuell haben wir zwanzig selbstständige Klöster und sechzig Niederlassungen. Das heißt, die meisten unserer Klöster haben mehrere Häuser. Ich habe immer gedacht, das ist selbstverständlich überall so, habe aber jetzt kürzlich erst gehört, dass in der Kongregation von Solesmes abhängige Häuser gar nicht vorgesehen sind. Gründungen müssen innerhalb einer bestimmten Frist selbstständig werden, sonst werden sie wieder geschlossen. Ich denke, dass die Existenz von kleineren, abhängigen Häusern sowohl dem geschichtlichen Phänomen entspricht wie auch unserem Bedürfnis nach verschiedenen Lebensformen und der Möglichkeit von Veränderung und Austausch. Wir können einen Konvent relativ dynamisch erhalten mit einem größeren Haupthaus und einigen Niederlassungen, die verschiedene spezifische Aufgaben haben oder unterschiedliche Lebensformen pflegen, die aber miteinander im Austausch bleiben. Zum Beispiel unsere koreanischen Klöster: Die Abtei Waegwan mit etwa 120 Mönchen existiert an sieben Orten. Es gibt ein Hauptkloster und sechs anderen Niederlassungen mit ganz verschiedenen Aufgaben und sie stehen untereinander in einem sehr regen Austausch. Der Abt veröffentlicht alle sechs Monate eine Versetzungsliste. Das ist natürlich extrem, vor allem, weil die Brüder vorher nicht gefragt werden. Da hängt dann die Liste am Schwarzen Brett. Aber das hält natürlich alles mehr in der Dynamik. Wir haben einige solche Klöster mit mehreren Niederlassungen. Manchmal verfestigen sich die Niederlassungen zu sehr. Strukturell wird das bei uns dadurch erleichtert, dass wir seit Beginn unserer Kongregation diese kleinen Missionsstationen haben. Die Konstitutionen sehen das alles schon vor: das kleine Haus, das große Haus, die Höheren Oberen, die lokalen Oberen und wie das alles heißt.

Das ist in Ländern wie Asien und Afrika leichter möglich, weil so viele Mönche da sind. Das wird in Deutschland zunehmend weniger möglich sein?

Natürlich. Wir hatten das ja auch früher viel mehr. St. Ottilien hatte den Jakobsberg, ein Studienhaus in München, eine Kommunität in Dillingen, ebenfalls für Studienzwecke, und dann noch ein kleines Seminar im Schwäbischen. Diese kleinen Gruppen können fruchtbar wirken und sind seelsorglich manchmal offener als die Riesenhäuser. Das ist auch die Rückmeldung, die wir auf dem Georgenberg bekommen. Ein Gast hat gesagt: »Ich habe ja nicht geahnt, dass ich da so ins Chorgebet mit hineingenommen werde.« Das ist tatsächlich so, da geht viel in so einem kleinen Haus.

Aus der Vogelperspektive eines Abtpräses mache ich mir aber keine Illusionen über die Resilienz. Bei kleinen Kommunitäten ist schnell der Ofen aus, wenn eine entscheidende Person wegbricht. Man kann das wohl am ehesten durch Anbindung an einen größeren Konvent kompensieren. Daher ist mir die Vernetzung so wichtig. Bei uns vor allem mit der Erzabtei St. Ottilien und unserer gesamten Kongregation. Was am Georgenberg dazukommt und für mich neu war, ist die Verbundenheit mit den österreichischen Klöstern. Die habe ich immer sehr geschätzt. Sie beteiligten sich schon immer mit großem Herzblut an den gemeinsamen benediktinischen Aufgaben. Und das erlebe ich jetzt auch wieder. Außerdem gibt es noch ein Tiroler Netzwerk, die »Alpenklöster«, da kennt man sich und schätzt sich und besucht sich, etwa zu Konventausflügen.

Allgemein formuliert: Dort, wo ein kleiner Konvent in völliger Autonomie bestehen bleiben will, sind andere Formen der Kooperation notwendig. Bei uns Georgenbergern stellt sich das Problem konkret im Blick auf Infirmerie (Krankenstation) und Noviziat und derzeit auch in der kirchenrechtlichen Sonderkonstruktion »Administrationsrat«.

Und für dich: Ist das ein Übergang oder hast du vor, dort zu bleiben?

Ich würde sehr gerne, wenn ich nicht mehr Präses bin, weiter auf dem Georgenberg sein und dort mithelfen, mir gefällt das sehr, sehr gut. Es gibt Mitbrüder, die mich gut kennen und wohlwollend auf mich blicken und sagen, das würde dir auf Dauer etwas zu klein. Vielleicht haben sie recht, aber ich denke, man könnte mich dann immer noch im Rahmen unserer Kongregation irgendwo anders einsetzen. Ich kann mir jedoch sehr gut vorstellen, auf dem Georgenberg meine Basis zu haben. Ich fühle mich da sehr wohl, es hat mir wieder ungeheuer viel Vitalität gegeben. Vor zwei Jahren hätte mir mal wieder eine Sabbatzeit zugestanden, das war auch von der Kongregation her akzeptiert, dann kam es aber zu dieser Situation, dass man merkte, dass es auf dem Georgenberg personell sehr eng wird und nicht mehr weitergeht. Also habe ich die drei schon freigeräumten Monate auf dem Georgenberg verbracht. Das war mein Einstieg dort. Ich habe schon gedacht: »Oje, eigentlich beute ich mich dort selbst aus.« Aber ich hatte, vor allem am Anfang, den gleichen Effekt wie nach der Sabbatzeit, die ich schon einmal vor zehn Jahren machen durfte: Dadurch, dass so viele andere und neue Themen kamen, war das so erfrischend, dass ich mit ganz viel neuer Energie herausgekommen bin. Mit anderen Worten: Das hatte genau den Effekt, den die Sabbatzeit haben sollte. Inzwischen funktioniert das nicht mehr so, dazu ist jetzt schon zu viel Routine drin. Jetzt ist der Georgenberg für mich richtig Arbeit, und manchmal ist es auch mühsam, aber in guter Weise.

Ein kleines Resümee aus meiner Sicht: Wir sollten erkennen, dass diejenigen Gemeinschaften, die über sehr lange Zeit existiert haben, sich immer wieder extrem stark neu erfunden haben.

Vielen Dank!

Gin-Tonic Benedict
nach Abt Jeremias Schröder

Zutaten:

- 1 kleine Flasche Gin (auch einfache Marken wie Gordons sind möglich)
- 1 Flasche Tonic Water
- 1 Fläschchen Schweiklberger Geist (hochprozentiger Schnaps aus dem Kloster Schweiklberg, auch ein anderer ist möglich)
- 1 Gurke
- Eiswürfel

1/3 Gin ins Glas, 2 Tropfen Schweiklberger Geist zur Aromatisierung, dann Eiswürfel, mit 2/3 Tonic Water auffüllen und eine Scheibe randlos geschälter Gurke hinzufügen.

Prost!

Das Rezept entstand in Afrika. Früher wollten sich unsere Missionare dort durch das Chinin im Tonic Water vor der Malaria schützen.

Was nachklingt

Die Gemeinschaft ist insofern etwas Besonderes, als sie den Schritt von einer großen zu einer kleinen Gemeinschaft sehr bewusst gegangen ist, und zwar nicht in dem Sinn: Wir werden weniger und älter und schauen, dass wir das Ende unserer Klostergeschichte gut bewältigen, sondern im Gegenteil: Ein Umzug wurde vollzogen, ein neuer Oberer ernannt, und dann kamen auch noch junge Mönche. Das könnte Modellcharakter für andere kleiner werdende Gemeinschaften haben.

Die Immobilie gibt die Größe vor, acht Mönche sind das Maximum. Im Gespräch nehme ich wahr, dass es der kleinen Gemeinschaft nach der mutigen Entscheidung für den Umzug von Fiecht auf den Berg sehr gut geht. Wichtig ist, dass sie sich gerade verjüngen: Ein junger Bruder aus Tansania ist da und ein Novize wird kommen. Das gibt Zuversicht für die weitere Entwicklung. Für Ältere oder dauerhaft Pflegebedürftige ist der Umzug nach St. Ottilien geplant. Abtpräses Jeremias, der sich als »Macher« kennt, ist froh, hier wieder konkret gestalten zu können. Seine unmittelbare Nähe zu St. Ottilien, sowohl zu Kongregation wie zur Abtei, war und ist hilfreich, um hier als Netzwerker die besonderen rechtlichen und organisatorischen Bedingungen zu ermöglichen.

Anders als in all den anderen von mir besuchten Gemeinschaften wird hier deutlich gesagt, dass das Leben auf dem Berg die Brüder, die aus der großen Abtei St. Ottilien zu Besuch kommen, »inspiriert«. Wie und ob das Konsequenzen hat, ist freilich offen.

Ein Fazit von Abtpräses Jeremias lautete, dass Gemeinschaften, die über lange Zeit existieren, »sich immer wieder neu erfunden« haben. Ich bin überzeugt: Für diesen Prozess ist er genau der Richtige am richtigen Ort und zur richtigen Zeit. Dass er sich hier »sehr, sehr wohl« fühlt, ist zu spüren. Ob es freilich ein Lebensort auf Dauer oder zumindest für lange Zeit bleiben wird oder eine Art Basiscamp für neue, kleinere oder größere Bergbesteigungen, wird sich zeigen. Denn das hängt nicht nur von ihm und der Gemeinschaft auf dem Georgenberg ab.

»Nicht: zu den Menschen gehen, sondern: bei den Menschen sein«

PROPSTEI ST. GEROLD, GROSSES WALSERTAL/ÖSTERREICH

Die Propstei erwachte nach 1947 zu neuem Leben. Die heutige Gestalt gab ihr der jetzige Propst, P. Martin Werlen, ab 2020. Sie gehört zur Abtei Einsiedeln in der Schweiz.

St. Gerold existiert seit dem Jahr 960 und diente durch die Jahrhunderte hindurch als Kloster. Begründet wurde der Ort von Gerold, der aus adligem Geschlecht stammte und seine Familie verließ, um als Einsiedler zu leben. Er wird mit einem Bären abgebildet, der ihm zu Diensten gewesen sein soll. Seine beiden Söhne haben sich, so wird gesagt, ihm angeschlossen. Seinen Besitz schenkte er 970 dem Kloster Einsiedeln. Seit Anfang der 1960er-Jahre ist die Propstei eine Begegnungs- und Bildungsstätte.

Seit 2020 ist St. Gerold – den Auflagen des Brandschutzes geschuldet – Baustelle. So ist P. Martin seitdem damit beschäftigt auszuloten, wie Leben inmitten der Baustelle gehen kann. Seminare, Vorträge, Konzerte – kurz, der ganze laufende Betrieb geht weiter. Baustellen sind laut, verursachen Schmutz, Irritationen, es gibt Pannen, sie kosten Geld und viel Arbeits- und Nervenkraft. Und zugleich bringen sie bei allen, die daran beteiligt sind, etwas in Bewegung. Die Baustelle ermöglicht es, Kreativität umzusetzen, und führt dazu, dass Schönes und Unerwartetes entstehen kann. Dank der sorgfältigen Pflege des

Ortes durch den jeweiligen Verantwortlichen der Abtei Einsiedeln konnte St. Gerold seinen Charme bewahren und stellt sich zugleich den Herausforderungen der jeweiligen Zeit – auch und gerade dadurch, dass der Ort als Baustelle dazu ermutigt, sich immer wieder neu zu erfinden.

Aus Anlass eines Studientags bei uns in der Abtei Venio in München zum Thema: »Zeit der Orden? Ja, Zeit der Orden!« führte ich das Interview mit P. Martin über das Leben in der Propstei. Es fällt insofern aus dem Rahmen, als es keine benediktinische ***Gemeinschaft*** ist, die dort lebt. Eine Cella ist es aber dennoch: ein Benediktiner, der sich auf seine Weise bemüht, benediktinischen Geist und benediktinische Lebensweisungen weiterzuentwickeln und weiterzugeben – durch sein Gebet, seine Arbeit, sein Leben und mit regelmäßigen Impulsen für seine Angestellten, die es dann ihrerseits umsetzen.

Benediktinisches Leben als Gestaltungsgrundlage

Gespräch mit dem Propst P. Martin Werlen

Du hast gestern mit uns über das Thema »Das Leben im Kloster als permanente Baustelle« nachgedacht, jetzt würde ich gerne noch ein bisschen mehr darüber wissen, wie du persönlich an diesem ganz besonderen Ort St. Gerold als einzelner Mönch lebst. Was heißt das für dein benediktinisches Leben?

Das heißt, dass ich versuche, den Ort benediktinisch zu gestalten. Da sind nicht Mitbrüder oder Mitschwestern, sondern Mitarbeitende und Gäste, und ich versuche, mit ihnen diesen

Weg zu gehen. Wir haben ein Großraumbüro, dort arbeiten die Verantwortlichen in einem Raum zusammen. Das prägt sehr, und es war, denke ich, der wichtigste Schritt, den ich gemacht habe, dass wir dadurch unterstreichen, dass wir als Gemeinschaft unterwegs sind und nicht als Einzelne. Im Büro sind wir zu sechst, die eigentliche Leitung sind die Betriebsleiterin, der Bereichsleiter und ich. Und dann haben wir immer am Montag »Sternstunde«, das ist Nach- und Vorbesprechung in einem. So haben wir das auch in meiner Amtszeit als Abt gemacht. Wir besprechen alles miteinander, so entstehen viele neue Ideen. Alle zwei Wochen treffen wir uns jeweils am Dienstag mit allen Abteilungsleiter:innen. Da gebe ich immer einen benediktinischen Impuls aus der Regel und sie tragen das in ihren Verantwortungsbereich weiter.

Auch in der Baustelle habe ich die Möglichkeit, das Benediktinische einfließen zu lassen. Das besprechen wir und bringen es ein – manchmal auch gegen den Widerstand des Denkmalamts. Die Arbeit in der Propstei ist harte Arbeit. Trotz mancher Einschränkungen: Mir geht es gut, und ich freue mich, was ich alles beitragen kann. Ich freue mich auch über die Impulse, die ich geben kann. Denn das merke ich schon, in St. Gerold gebe ich mehr Impulse an Gruppen als wir das in Einsiedeln tun können. Einzelgäste, Firmenseminare, Pfarrgemeinderäte, Seelsorgeteams usw., die kommen hierher, um bewegt zu werden. Und was unsere Aktion »Die Heiligen vom Sockel holen« alles auslöst! (P. Martin holt Heiligenfiguren, besonders den heiligen Gerold, buchstäblich vom Sockel und zeigt immer wieder, dass Aspekte aus dessen Leben auch für die Gegenwart interessant sind.) Da kommen Leute extra deswegen vorbei. Sie wollen Ideen für die Arbeit in ihrem eigenen Kreis. Ich merke dann: Was wir tun, löst etwas aus.

Natürlich gibt es viel Organisatorisches zu klären, zu erledigen, aber ich versuche, das auch von dieser Spiritualität her anzugehen, und dann sehen wir, ob es gut ist oder ob wir es nicht brauchen. Das »Stundenbuch eines Atheisten« trägt den Titel: »Die Suche nach dem Genug. Das Wenige und das Wesentliche« (John von Düffels). Zu dieser Einfachheit müssen wir zurückkehren. Ich habe eine Anfrage zu einem Vortrag. Ich würde gerne das Thema vorschlagen: »Wie passt ein Barock-Fürstabt zur Regel des heiligen Benedikt?« (gemeint sind damit manche Barockklöster und ihre liturgischen und sonstigen Weisen der Repräsentation). Überhaupt nicht. Ich weiß, das ist ein Affront für viele. Ich würde nie in Barockkleidung auftreten. Das wäre, als wenn Angela Merkel in der schwierigsten Situation in barocken Kleidern aufgetreten wäre! Das nimmt man doch nicht mehr ernst!

Wir müssen bescheiden werden. Demut ist ein großartiges Wort aus der Benediktsregel, es meint: auf dem Boden bleiben, wieder Boden unter unsere Füße bekommen. Und nicht: zu den Menschen gehen, sondern: bei den Menschen sein. Denn solange ich zu den Menschen gehe, komme ich immer noch von oben herab. Bei den Menschen sein, darum geht es!

Was mich auch sehr freut ist, dass ich oft angefragt werde für Vorträge und Beiträge in Büchern, die nichts mit der Kirche zu tun haben.

Gebet – allein und gemeinsam, wie geht das bei euch?

Gemeinsame ***Vesper*** haben wir nicht. Das geht nicht, die Arbeitszeiten der Mitarbeitenden sind so verschieden, auch die Arbeitspensen. Aber wir haben ein offenes Mittagsgebet. Um 11:45 Uhr sind alle in die Propsteikirche eingeladen zu »In der

Mitte des Tages kurz innehalten«. Neben den Gästen und Seminarteilnehmenden sind Mitarbeitende dabei, wenn sie sich das einrichten können. Inhaltlich gestalte ich diese Zeit, wenn immer möglich, im Hinblick auf die Leute, die da sind.

Wir haben jedoch auch viele Tagesseminargäste, die am Abend nicht mehr da sind. Ich nehme am Abend zusammen mit den Gästen mein Abendessen – eine Suppe und ein Dessert – ein, und so um 19:30 Uhr ziehe ich mich zurück, Zeit für ***Vesper*** und Lesung und so weiter. Am Morgen bete ich die ***Laudes*** um 7 Uhr, und um 8 Uhr ist normalerweise Eucharistiefeier.

Stundengebete sind ja eigentlich Gemeinschaftsgebete, ist das nicht zu viel?

Wenn Benediktiner oder Benediktinerinnen da sind, beten wir gemeinsam. Wenn ich allein bin, muss ich mich nicht sklavisch an ein Schema halten. Es geht nicht darum, dass das erledigt ist. Ich kann bei einem Psalm verweilen und nehme mir Zeit dafür – oder für die Lesung und Betrachtung. Ich finde das Wort großartig: »Ich hänge am Tropf deiner Worte.« Ich merke, das ist so stark. Genau so versuche ich das Wort Gottes zu lesen.

Die kleinen Gemeinschaften haben alle das Gebetspensum reduziert.

Was für mich wichtig geworden ist: Die meisten Menschen verabschieden sich von einem mechanischen Verständnis des Gebets. Sie haben es aufgegeben, einfach Gebete zu verrichten und finden zunehmend hin zum persönlichen Gespräch mit Gott, der das tiefste Geheimnis unseres Lebens ist. Dieses Geheimnis hat an Weite gewonnen. Alles hat heute im Gebet seinen Platz. Auch Zweifel, ja sogar Verzweiflung. In vielen Gebetbüchern entdeckt man erstaunt eine Gebetssprache, die der des Psalmengebetes ähnlich ist. In ihr kommt das Leben in seiner unerschöpflichen Vielfalt vor Gott zur Sprache.

Das Stundengebet wurde in unseren Gemeinschaften früher oft als Pensum verrichtet, und dann möglichst schnell. Dazu wurden andere Gebete mit hinzugenommen, damit man möglichst viel verrichtet hat – das kann es nicht sein. Es geht doch um die Beziehung zu Gott. Und wenn ich einmal überhaupt nichts von diesem Pensum schaffe, aber diese Beziehung lebt, dann ist das in Ordnung.

Wie schaffst du das, dass so eine Anfangsdynamik bleibt, wie macht man das?

Nicht sitzenbleiben, sondern weitergehen. Ich merke, dass einzelne ältere Leute oft Mühe mit Veränderungen haben, zum Beispiel als wir die Figur des heiligen Gerold vom Sockel heruntergeholt und dort hingestellt haben, wo sie jetzt steht. Aber wir müssen diesen Weg gehen, wir müssen Leute von Heute sein und nicht solche, die vor über dreißig Jahren da waren. Und da habe ich ein großartiges Team, mit dem ich unterwegs sein darf.

Habt ihr auch Jüngere, die zu euch kommen?

Bei uns finden sich viele Familien mit Kindern und Alleinerziehende mit Kindern. Oft sind Pflegekinder bei uns zu Gast. Sie alle dürfen Therapien mit unseren Pferden machen. Was mich beeindruckt: Bei uns sind alle Generationen und Führungskräfte mit Menschen vom Rand der Gesellschaft miteinander auf dem Weg.

Wie wird das Leben hier von Einsiedeln aus gesehen?

Das ist sehr unterschiedlich. Es gibt Mitbrüder, die begeistert sind, und andere, die kaum realisieren, wie Kirche hier lebt. Der Assistent von Abt Urban hat mir kürzlich gesagt: »Was ihr in St. Gerold fertigbringt, das kann uns hier in Einsiedeln Vorbild sein!« Wenn ich die Projekte vorstelle, darf es nicht so sein, dass ich als Bittsteller komme. Als es um die Finanzierung der Sanierung ging, meinte ein Mitbruder: »Im Kloster muss vieles gemacht werden, wir können kein Geld nach auswärts geben.« Da habe ich gesagt: »Wir sind Kloster Einsiedeln in St. Gerold. Das ist nicht etwas anderes, das *ist* Kloster Einsiedeln!«

Für das Geld, das wir jetzt brauchen, bin ich immer am Suchen. Wir gehen auf Leute zu und laden sie nach St. Gerold ein. Diesen Ort muss man erleben. Wenn wir das Hauptgebäude nicht sanieren würden, wäre es am 1. März 2022 wegen den Anforderungen des Brandschutzes von den Behörden geschlossen worden. Mitbrüder sagen: »Ja, jetzt ist P. Martin da, aber wer kann anschließend hingehen?« Das soll nicht unsere erste Sorge sein. Die Frage ist sogar als rhetorische Frage gedacht: Wir haben niemanden. Das ist deprimierend. Ich bin überzeugt: Wir werden immer einen Mitbruder haben, der diesen Ort mitgestaltet – zusammen mit geeigneten Mitarbeitenden.

Ich habe in Meschede die Brüder von der Cella in Hannover erlebt, ich durfte die Exerzitien der Mescheder Gemeinschaft begleiten. Da haben wir ein bisschen gesprochen, sie haben einen Podcast mit mir aufgenommen. Ich denke: Was wir jetzt angesprochen haben, das braucht es auch in den anderen Gemeinschaften. Dieses Verständnis von Baustelle, das heißt, wir sind nicht einfach Besitzer, wir sind Menschen auf dem Weg.

Würdest du in die Gemeinschaft nach Einsiedeln (derzeit 46 Mönche), zurückgehen, wenn es hier nicht mehr geht? Wie wäre das für dich?

Ja, selbstverständlich. Mir ist es nicht so wichtig, wo ich bin. Ich habe Abt Urban gesagt, dort, wo ich sterbe, soll ich auch begraben werden. Nur keine Umstände. Wo ich bin, versuche ich, zusammen mit anderen etwas zu bewegen. Und wenn einer der Mitbrüder plötzlich sagt: »Jetzt geht mir auf, was du damals gemeint hast«, dann freut mich das. Jeder, der aus dieser Starre herauskommt, ist ein großer Gewinn für die Gemeinschaft. Aber in dem Moment, in dem wir merken, etwas wird leer und lieblos einfach weitergeführt, müssen wir den Mut haben, etwas Neues zu beginnen. Das gilt auch für die Liturgie. Das ist das Schlimmste, wenn das Tiefste leer wird!

Ich danke dir!

Eine Spezialität des Hauses –
wenn auch kein Rezept:

»Einmal essen – ein Mahl spenden«

Täglich kann man von 12 bis 17 Uhr eine Mahlzeit bestellen, bei der im Preis ein Mahl für die »Oase der Begegnung« (Erholungsaufenthalte für Menschen in schwierigen Situationen) enthalten ist. Somit können hilfsbedürftige Personen ein Essen genießen.

Dies gilt etwa für den »Klosterteller«:
Aufschnitt, Speck, Käse, Butter, Brot, Essiggemüse.

Was nachklingt

Das Gespräch erinnerte mich an einen meiner schönsten Urlaube. Im Jahre 1994 war mein langjähriger Lebenspartner gestorben und ich wusste, dass sich mein Leben nun grundlegend ändern würde. Drei Jahre später, 1997, bin ich ins Kloster eingetreten. Irgendwann dazwischen verbrachte ich mit einer Freundin zwei Wochen in St. Gerold. Ich, die ich keinerlei Affinität zu Bergen habe, habe mich dort dennoch sofort wie aufgehoben, behütet, aber auch ermutigt zu Neuem gefühlt. Einmal sind wir aufgestiegen und standen plötzlich in dichtestem Nebel und hatten keine Ahnung, wie wir den Weg zum Gipfel finden könnten. Nach einigen vergeblichen Versuchen stand plötzlich *wie aus heiterem Himmel* ein kleiner Junge mit einer roten Jacke vor uns. Nach dem Weg gefragt, wies er wortlos und ganz erstaunt ob unserer Verwirrung mit dem Arm in eine Richtung. Wir machten wenige Schritte – und hatten die Wolke, die uns umgab, verlassen, standen mitten in der Sonne. Das war ein starkes Bild für meine damalige Trauer um den Verlust des Partners. Einen Schritt weitergehen. Und jemandem folgen, der den Weg weist.

Verzaubert hat uns St. Gerold auch durch die dort praktizierte Gastfreundschaft. Eines Abends kam der damalige Bischof Maximilian Aichern von Linz (*1932) mit seinem Chauffeur vorbei und wir wurden vom damaligen Propst P. Nathanael spontan an seinen Tisch eingeladen. Der Chauffeur saß ganz selbstverständlich mit dabei. Dass Bischof Maximilian Benediktiner ist, war mir damals nicht bewusst. An Einzelheiten des Gesprächs erinnere ich mich nicht mehr, sehr wohl aber an die Offenheit und eine von großer Freiheit getragene Atmosphäre. Auch andere interessante Menschen haben wir damals kennengelernt.

Und es gab Musik jeder Art. So waren etwa einige der Wiener Philharmoniker zu Besuch und gaben ein kleines Konzert. Weinproben und ausgezeichnetes Essen durften ebenfalls nicht fehlen. Und täglich morgens eine Eucharistiefeier in der kleinen Gnadenkapelle. Ich persönlich habe damals das erste Mal die Regel des heiligen Benedikt, die in den Zimmern auslag, in die Hand genommen und von vorne bis hinten gelesen – vordergründig hat sie mich mit vielen Fragezeichen zurückgelassen. Und doch hat das Lesen der Regel gerade an diesem Ort zu meinem Weg dazugehört.

Die Propstei von heute ist eine andere als in den 90er-Jahren des vergangenen Jahrhunderts. Neue Angebote sind dazugekommen, etwa die Oase für Eltern mit Pflegekindern, die Hippotherapie usw. Jeder Propst gibt dem Ort ein neues Gesicht. Mehr denn je ist sie heute Baustelle. Verkündigung inmitten der Baustelle bedeutet, dass die realen Erfahrungen von Unordnung, Schmutz, Ungewissheit, wie es weitergeht, als Metapher für alle Baustellen unseres Lebens gesehen und daraus gelernt werden kann. So ist St. Gerold der Ort, an dem der Einsiedlermönch Gerold vor über tausend Jahren gelebt hat und der heute neu seine Kraft entfaltet, eine höchst lebendige Baustelle.

»Wer geht, ist dem Weg ausgeliefert«

STADTKLOSTER ZÜRICH/SCHWEIZ

Die Anfänge des Stadtklosters Zürich gehen auf das Jahr 2011 zurück. Damals traf sich eine erste Gruppe von Menschen zum Brainstorming über eine solche Idee. Öffentliche Gebete begannen im Jahr 2013, der Verein wurde 2015 gegründet, die erste WG startete 2016.

Ein dokumentiertes Interview habe ich im Stadtkloster Zürich nicht geführt, finde das Experiment aber doch so spannend, dass ich es mit einer kleinen Skizze aufnehme.

Das Stadtkloster ist eine Initiative aus dem evangelisch-reformierten Umfeld. Es setzt sich zusammen aus zwei Kreisen: einem Verein und dem sogenannten Hauskonvent, einer Wohngemeinschaft mit derzeit drei Frauen und drei Männern, katholisch-reformiert gemischt, die in einem ehemaligen reformierten Pfarrhaus längerfristig zusammenleben. Eine echte Cella also. Das Haus liegt in einem ruhigen Stadtteil Zürichs, umgeben von sehr viel Grün, so wie man sich ein Bilderbuchpfarrhaus vorstellt. Die Wohngemeinschaft bildet das sichtbarste Element des Stadtklosters. Schon bevor es diesen Ort gab, formierte sich eine Gemeinschaft als Verein von ca. dreißig Aktivmitgliedern, die sich regelmäßig zu Gebetszeiten und zur Besprechung verschiedenster Projekte trafen. Diese sind zum Beispiel ein Jahreskurs zur Auseinandersetzung mit dem christlichen Glauben (»Noviziatskurs«) oder klimapolitische Aktivitäten. Mich hatten sie eingeladen, mit ihnen darüber nachzudenken, vor welchen Herausforderungen ein Stadtkloster heute steht.

Im Konzept von 2013 heißt es unter der Überschrift »*Evangelisch benediktinisch leben*«: »Die Stadtklostergemeinschaft knüpft an traditionelle klösterliche Lebensformen an und erarbeitet, durchaus auch experimentell, ihre Neuinterpretation monastischer Regeln. Der benediktinischen Tradition folgt sie erstens im Tagzeitengebet, zweitens in der Bereitschaft, Alltagsleben miteinander zu teilen (vita communis) und drittens in der Verbindung von Gebet und Arbeit (ora et labora)« (Literaturhinweis siehe Personenverzeichnis im Anhang).

Zum Morgenlob, das manchmal ein Psalmengebet, manchmal eine Schriftbetrachtung oder auch ein meditativer Spaziergang sein kann, trifft sich die kleine Gebetsgemeinschaft in einem großen, schön gestalteten Bereich des Wohn- und Esszimmers. Immer wieder kommt auch jemand von außen dazu. Das Abendgebet findet entweder in der Wohngemeinschaft oder im nahegelegenen »Bethaus« (ein Haus der reformierten Kirche Zürichs) statt.

Janique, die das Stadtkloster maßgeblich mitgeprägt hat, formuliert die geistliche Grundlage so: »Spiritualität ist für mich: (...) Vom Heiligen Geist inspiriert in der Beziehung mit Christus wachsen, mit meinen Mitmenschen, auf Gott hin. *Laudes/Vesper* erfahre ich als Ankerpunkt im Alltag, als rhythmisierendes Element meiner Tage. Als Moment der Verbundenheit mit Gott und mit der Stadtklostergemeinschaft. Sich anschließen an den großen Strom des Betens des Volkes Israel und der Kirche durch alle Jahrhunderte hindurch. Als ein leidenschaftliches Eintreten für die Welt heute« (S. 34).

Neben ihren jeweiligen Berufstätigkeiten sind die Mitglieder auch ehrenamtlich aktiv, zum Beispiel in der Essensverteilung auf der Straße, der Winterstube oder in einer der Stadtkirchen als Präsenzperson für Menschen, die das Gespräch suchen. Ferner leben in der Wohngemeinschaft immer wieder für kürzere oder längere Zeit geflüchtete Menschen. Denn: »Zur christlichen Spiritualität gehört nicht nur das Gebet und die Wendung nach innen, sondern immer auch die Zuwendung zum Mitmenschen, zur Diakonie«, sagt Gisella, reformierte Pfarrerin (S. 177).

Im Rahmen der »Schöpfungsinitiative« engagiert sich das Stadtkloster stark für ökologische Fragen. So geht etwa das Ziel, dass die reformierte Kirche bis 2035 ihre Treibhausgasemissionen auf netto null reduzieren soll, auf eine Initiative des Stadtklosters zurück. Auch bieten sie »Pilgern an Unorte« an. Dabei werden Orte in der Stadt besucht, an denen die ökologische Krise sichtbar wird (Schlachthof, Bauschuttanlage).

Das Stadtkloster ist gut vernetzt, sowohl mit der reformierten Kirche wie den Jesuiten der Katholischen Hochschulgemeinde und anderen Gruppierungen in Stadt und Umgebung. Auch zu den Benediktinerinnen des Klosters Fahr gibt es Kontakte.

Es gibt Unterschiede zu benediktinischen Zellen. Verbindlichkeit und eine gewisse Beständigkeit werden erwartet und es gibt auch einen geistlich gestalteten Ritus, durch den man offiziell aufgenommen wird. Dennoch ist jede Person frei, wieder zu gehen, was sich darin widerspiegelt, dass man Miete zahlt und sich die Haushaltskosten teilt, nicht jedoch die Verfügung über sein Vermögen abgibt. Die Konfessionszugehörigkeit ist kein Kriterium für die Aufnahme. Ferner gibt es in der Wohngemeinschaft keine ernannte oder gewählte Leitung, sehr wohl jedoch im äußeren Kreis, dem Verein. Wie in allen anderen kleinen Gemeinschaften ist auch hier jede und jeder gefordert. Nischen, in denen man sich verstecken könnte, gibt es nicht.

Das gemeinsame Essen im Stadtkloster ist überwiegend vegan, jedoch ohne ideologischen Zwang. Da es derzeit eine Frau gibt, die sehr gerne bäckt, wird Brot überwiegend selbst gebacken:

Ciabatta alla Karin

- 600 g Weißmehl
- 400 ml Wasser
- 1/2 Päckchen Trockenhefe
- 1–2 TL Salz

Alle Zutaten gut vermischen und ca. 10 Minuten kneten. Der Teig ist sehr weich, nach ein paar Minuten kneten klebt er weniger. Am Anfang reißt er sehr schnell, dann wird er dehnbar. Idealerweise sollte man am Ende eine Zeitung durch den Teig lesen können.

Teig in der Schüssel 2–3 Stunden gehen lassen (oder im Kühlschrank über Nacht). Wenn möglich, etwa alle Stunde dehnen und falten, d.h. jeweils eine Seite hochziehen und auf den Teig zurückfalten, das Ganze an vier Seiten. Immer mit nassen oder mit bemehlten Händen arbeiten!

Teig mit einem Schaber aus der Schüssel auf eine bemehlte Fläche holen, in zwei Hälften teilen und diese länglich auseinanderziehen und nebeneinander auf ein mit Backpapier belegtes Backblech legen (im Ofen gehen sie hoch). Mit etwas Mehl bestreuen und 30 Minuten bis eine Stunde gehen lassen.

Wenn man mit dem Finger etwas in den Teig drückt und die Delle sich langsam wieder ausbeult, ist er optimal zum Backen.

Bei 230 Grad in den Ofen schieben, ein halbes Glas Wasser auf den Ofenboden gießen. Nach 10 Minuten den Ofen kurz öffnen, den Dampf rauslassen. Auf 210 Grad herunterschalten.

Backzeit insgesamt: ca. 30 Minuten.

Was nachklingt

Das Stadtkloster Zürich ist ein sehr ansprechendes Modell dafür, wie Spiritualität über Konfessionsgrenzen hinweg gemeinsam gelebt werden kann, verbunden mit der Zugewandtheit für die Not anderer. Das Haus und die Gemeinschaft umfangen einen mit großer Herzlichkeit und man wird in alles sehr rasch mit hineingenommen. Alle, die im Haus leben, haben viel durchgestanden und sind konsequent ihren Weg bis hierher gegangen. Ich habe eine Offenheit und Weite wahrgenommen, die guttut. Gleichzeitig braucht es eine hohe Frustrationstoleranz, um einzuschwingen, zum einen wegen der räumlichen Nähe zu den geflüchteten Menschen aus anderen Kulturen, mit denen man sich das Haus und vor allem die Küche teilt, und zum anderen wegen der Notwendigkeit, beständig alltägliche wie grundsätzliche Entscheidungen auszuhandeln. Durch seine flexiblen Strukturen und durch die dort lebenden Personen ist das Stadtkloster ein Ort, an dem auch Menschen leben können, denen klassische benediktinische Vorgaben zu eng wären, etwa die Musikerin, die viel zu Konzerten unterwegs ist.

Wenn es stimmt, dass Gemeinschaften mindestens zwanzig Jahre brauchen, bis sie auf einigermaßen sicherem Boden stehen, dann ist das Stadtkloster jetzt in der Halbzeit. Es wurde sehr viel erarbeitet, es gibt aber auch noch viele offene Fragen. Und das ist gut so. Der Weg geht weiter.

Gottes Wirken Raum geben

Ich habe in diesem Buch Klosterleben aus dem Blickwinkel des realen Lebens der kleinen Gemeinschaften betrachtet. Obwohl ich mit dem Blick einer Forschenden an das Thema herangegangen bin, konnte ich selektive Wahrnehmungen nicht vermeiden, ebenso wie meine Konstruktionen der Wirklichkeit in die Texte eingeflossen sind. Auf der Basis meiner Erfahrungen mit meiner Gemeinschaft sowie dem langjährigen Vorsitz der ***Benediktinerinnen im deutschsprachigen Raum (VBD)*** habe ich sicher manches überaus deutlich gehört und anderes weniger oder gar nicht.

Pointiert gesagt finde ich die Probleme in der Klosterlandschaft bedrängend. An Pfingsten hören wir im Stundengebet den Satz aus der Apostelgeschichte, dass alle zusammen am selben Ort waren (vgl. Apg. 2,1). Eine schöne, jedoch weitgehend unrealistische Vorstellung. Denn je größer die Gemeinschaft, desto kleiner die Schnittmenge, zu der sich alle zur gleichen Zeit am gleichen Ort versammeln, real wie im übertragenen Sinn. Dazu kommt die Last der Gebäude und manch anderes. Auf dem Hintergrund solcher Bilder frage ich:

» Welche besonderen Chancen haben kleine Gemeinschaften, um die Dynamik von Individualität und Gemeinschaftsleben gut zu bewältigen?

» Mit welchen Herausforderungen sind sie konfrontiert?

» Wodurch können sie Anregungen geben für ein erfülltes spirituelles Leben in einer neuen Ära geistlicher Gemeinschaften?

Ich fasse meine Wahrnehmungen in neun Punkten zusammen und formuliere jeweils explizit Chancen und Herausforderungen, die ich sehe. Wenn manches eher nach gruppendynamischen Erkenntnissen klingt, darf nicht vergessen werden, dass dies nur eine Ebene ist und dass bei jedem und jeder Einzelnen und der Gemeinschaft als Ganzer das Ringen um eine lebendige Christusbeziehung der Antrieb ihres Lebens ist.

1. Verbindlichkeit in Freiheit, Freiheit in Verbindlichkeit

Den kleinen Gruppierungen gelingt es meist recht gut, zwischen der ausgeprägten Individualität der Mitglieder und den Erfordernissen eines Gemeinschaftslebens auszubalancieren. Alle Brüder und Schwestern heben positiv hervor, dass sie mehr denn je verändern, formen und gestalten können. Und auch, dass sie als Einzelpersonen in ihrem jeweiligen Umfeld bekannt und geschätzt sind. All das ist wesentlich für ihre hohe Motivation und Zufriedenheit. Zudem müssen sie sich nicht an Traditionen, vor allem überkommenen Haustraditionen abarbeiten.

DIE CHANCE: Es ist in hohem Maß möglich, dass die Einzelnen ihre Potenziale innerhalb eines verbindlichen, aber flexibel gestalteten Rahmens entfalten können. Und es ist möglich und notwendig, dass eigene, neue Traditionen geschaffen werden, die gerade für diesen Ort und diese Zeit gelten. »Die Revolutionäre von heute dürfen nicht die Reaktionäre von morgen sein« oder auch: »Ich will mich nicht konservieren«, so wurde formuliert.

DIE HERAUSFORDERUNG: Im Fluss der Veränderungen beständig die Balance zu suchen und Verunsicherungen aushalten zu lernen. Die Gemeinschaft als Ganze im Blick zu behalten, nicht nur das persönliche Wachstum.

2. Beziehungsdynamik und menschliche Reife

Mit wenigen Ausnahmen haben die Brüder und Schwestern lange Erfahrung im Gemeinschaftsleben. Das entspricht dem, was der heilige Benedikt in seiner Regel über die Eremiten schreibt: Sie sollen »durch Bewährung im klösterlichen Alltag und durch Hilfe vieler hinreichend geschult« sein (Benediktsregel, Kap. 1,3). Es braucht eine gewisse Reife und monastische Erfahrung, um diese Form leben zu können. Manchmal hört man, dass es Personen sind, die sich in der großen Gemeinschaft schwertaten – und mit denen sich die Gemeinschaft schwertat. Das mag sein und hat persönliche wie strukturelle Gründe, und zwar auf beiden Seiten.

Die Bewohner:innen der Cellae sind Menschen, die eher den Rückzug suchen. Voneinander zu wissen und Erlebtes, Schweres wie Schönes miteinander zu tragen, ist ihnen dennoch Anliegen und ihre Stärke. So gelingt es ihnen, in guter Balance von Nähe und Distanz zu leben.

Gender-typische Unterschiede waren nicht mein Thema. Dass es sie gibt, ist nicht überraschend. Allerdings ist wenig davon wirklich bedeutsam, allenfalls, dass alle Schwestern gerne und mit viel Schwung das Kochen selbst übernommen haben und die Männer eher kochen (und putzen) lassen.

DIE CHANCE: Beziehungen, vor allem Nähe und Distanz, können bei je unterschiedlichen Bedürfnissen gut ausbalanciert werden. Menschliche Reife und Frustrationstoleranz erleichtern es, in Zugewandtheit und gleichzeitig frei von Verstrickungen zu bleiben.

DIE HERAUSFORDERUNG: Die menschlichen Beziehungen müssen stimmen. Die Gesamtmelodie der Gruppe ist geprägt von hoher Spiritualität, von ausgewogener Zuneigung und von Ernsthaftigkeit. Wer hier nicht einschwingen kann, geht bald wieder. Das wiederum muss von der Gruppe verkraftet werden.

3. Leitung bei flacher Hierarchie

Die Platzzuweisungen sind klar. Eine Person hat die Leitung inne und die anderen haben ihre festen Aufgabenbereiche, um die nicht gekämpft werden muss. Was ansteht, wird gemeinsam besprochen. Aber es muss auch nicht alles bis ins Letzte ausdiskutiert werden, es herrscht Vertrauen in die Entscheidungen der Einzelnen. Zu viele Diskussionen ermüden, getreu dem Diktum des Modedesigners Wolfgang Joop: »Die Diskussion ist anstrengender als das Leben.«

Eine Frage drängt sich auf: In der Benediktsregel hat der Abt eine herausgehobene Stelle, »Stellvertreter Christi« wird er genannt. Welche Bedeutung hat das in den kleinen Gemeinschaften? Klar ist: Die Letztentscheidung liegt bei dem gewählten oder ernannten Oberen/der Oberin, manchmal ist es die Äbtissin/der Abt des Heimatklosters. Die Bedeutung dieser Letztverantwortung ist allerdings bei dreien oder fünfen wesentlich geringer als bei einer Gemeinschaft von sechzig oder mehr Mitgliedern, da die Hierarchie meist sehr flach gehalten wird. »Dass es zum Heil dient« (Benediktsregel, Kap. 41,5) – dies tagtäglich zur Leitidee zu nehmen, dazu sind alle gemeinsam aufgerufen. Alle sind an der Leitung des Lebensprojekts beteiligt und steuern von ihrer jeweiligen Position aus gemeinsam das Boot.

DIE CHANCE: Gemeinsames wird mit allen besprochen und entschieden. Diese Prozesse sind in der Regel einfach und überschaubar. Alle können »mitgenommen« und es kann Konsens erzielt werden.

DIE HERAUSFORDERUNG: Die Person mit Letztverantwortung darf die oft extrem flache Hierarchie nicht damit verwechseln, dass es keinen Oberen gibt. Dazu braucht es Klarheit und Transparenz, sowie von der Gruppe her: Vertrauen.

4. Werkstätten und Baustellen für kreatives Gestalten

Die Gemeinschaften, die ich kennenlernen konnte, kommen alle dem Modell einer Werkstatt sehr nahe. »Die Werkzeuge der geistlichen Kunst« nennt der heilige Benedikt das vierte Kapitel seiner Regel. Die Tradition verbindet das mit einer Art Checkliste für Taufbewerber der frühen Kirche. Mittels welcher ethischen und moralischen Orientierungen soll jeder und jede an sich arbeiten und zulassen, dass Gottes Ruf wirksam wird? Es finden sich in diesem Kapitel neben dem, was wir aus den Zehn Geboten kennen, auch Anweisungen wie:

nicht murren, nicht faul sein. Oder: »Nach einem Streit noch vor Sonnenuntergang zum Frieden zurückkehren.« Übersetzt kann das heißen: Wie gehe ich mit meinen Grundmustern wie Zorn, depressiven Verstimmungen, übertriebener Fürsorge usw. um? Und vor allem: Wie können die Bewohner:innen sich gegenseitig auf ihrem Weg unterstützen? Am Ende des Kapitels heißt es: »Die Werkstatt aber, in der wir das alles sorgfältig verwirklichen sollen, ist der Bereich des Klosters und die Beständigkeit in der Gemeinschaft« (Benediktsregel, Kap. 4,78). Eine Werkstatt ist kein Prachtbau, kein Museum, kein Raum, der geschont werden muss für ganz besondere Anlässe. In einer Werkstatt ist es staubig, es fallen Späne, es wird gebohrt, gehämmert, geschweißt, manches passt nicht und muss neu angepasst werden. Es gibt darin unterschiedlichste Werkzeuge, die sorgfältig gepflegt werden müssen. Idealerweise gibt es eine erfahrene Person, die mit ihrem Wissen den Unerfahrenen an die Hand geht. Das, was in der Werkstatt produziert wird, geht dann woanders hin, es bleibt nicht hier. Neue, unbehauene Steine, Holzbalken, Metallstücke, Glas oder Stoffe kommen an. Am Abend wird sie gesäubert, nur um am nächsten Tag wieder den Betrieb aufzunehmen. Die Werkstatt bleibt Werkstatt.

Natürlich geht es Benedikt hier wie in der ganzen Regel um den *geistlichen Prozess*. Dazu gehört aber auch, dass ganz real Altes wegfallen muss, um Platz für Neues zu schaffen. Energie muss fließen können, und manchmal reicht es nicht, etwas freizuräumen, es steht ein Umzug an. Es braucht ein ganz anderes Gebäude, mit Licht, viel Gestaltungsmöglichkeit und einer neuen Umgebung. Diesen Schritt haben die Gemeinschaften, die ich besucht habe, getan. Sie legen Hand an, gestalten ihr gemeinschaftliches Zuhause miteinander, pflegen und entwickeln es weiter. Wo der Ort der gleiche geblieben ist – in St. Gerold, teilweise auf dem Georgenberg –, wurde als Erstes eine ***Baustelle*** errichtet, um manches grundlegend neu zu konzipieren.

DIE CHANCE: In der Werkstatt wie auf der Baustelle entsteht Neues. So entstanden im Lauf der Jahrhunderte in den Klöstern wunderbare Objekte der Buchkunst, der Literatur, der Architektur, der Musik. Heute haben eher die Kleinen dafür Kapazität, da sie keinen Riesenapparat am Laufen halten müssen. Diese Chance nehmen sie wahr, indem immer wieder Neues ausprobiert wird, sei es in der Liturgie, als Ausbildung für eine Schwester, als Konzept für eine ganz besondere Veranstaltung usw.

DIE HERAUSFORDERUNG: Den realen Raum der Werkstatt, um die Ideen zu verwirklichen, muss man sich schaffen. Sr. Petra in Prag baut gerade auf dem Gelände den zweiten Werkstattraum.

5. Klein sein und klein bleiben?

Die ganz grundsätzliche Frage, ob es nicht an der Zeit ist, Abschied zu nehmen von der Idee, dass Gemeinschaften beständig wachsen müssen, möchte ich offenlassen, denn die kleinen Gruppen sind *ein* Modell, wie spirituell ausgerichtetes Leben authentisch gelingen kann. Sie haben in den meisten Fällen bereits durch die Wahl des Hauses die Entscheidung getroffen, dass die Zahl ihrer Mitglieder begrenzt ist. Und sie wissen, dass gerade die Kleinheit für sie den besonderen Mehrwert dieser Lebensform ausmacht. Die Lebenszeit einer solchen Cella kann begrenzt sein – wenn es keine Nachfolgenden gibt, die den Stab aufnehmen, ist das kein Drama. An anderen Stellen werden neue Zellen entstehen. Die kleinen Gemeinschaften sind, auch wenn sie fest auf dem Boden der Regel Benedikts stehen, ***keine Klöster im Kleinformat***, die das Vollprogramm erfüllen wollen, sondern sollten als etwas Eigenständiges gesehen werden.

DIE CHANCE: In Gelassenheit das, was da ist, zu gestalten und die Freiheit wahrzunehmen, die sich im Leben auf Gott hin zeigt. Die Möglichkeiten zu sehen und nicht die Hindernisse, die in der Kleinheit liegen. Erleben, dass Veränderung hier weniger Kraft kostet als anderswo.

DIE HERAUSFORDERUNG: Sich in der Begrenztheit des Raumes immer wieder neu zu erfinden. Eine moderate Form des Minimalismus einzuüben und nicht auf Wachstum zu schielen bei jedem, der kommt, um reinzuschnuppern.

6. Drinnen und draußen

Damit das spirituelle Leben authentisch gelebt werden kann, ohne dass alle sich überfordern, braucht es das Zusammenspiel einiger Variablen.

In jeder Gemeinschaft gibt es die eher praktisch Begabten und die eher planerisch oder künstlerisch oder anders Begabten. Jede einzelne Person sollte in ihren Fähigkeiten so gefördert werden, dass es dem Ganzen dient und das System der Gruppe gut funktionieren kann.

Eine starke Vernetzung, in der Diözese, der Stadt und mit den anderen Klöstern ist unumgänglich. Ein Mutterkloster im Hintergrund kann manchmal hilfreich sein. Wichtig ist auch, dass, jedenfalls phasenweise, externe Beratung und Begleitung in

Form von Supervision und Coaching für die Gruppendynamik sowie Beratung in wirtschaftlichen Angelegenheiten hinzugezogen werden.

DIE CHANCE: Die Vielfalt der Charismen kann wirklich genutzt werden, da weniger Unumgängliches abgedeckt werden muss wie die Verwaltung großer Werke (Schulen, Krankenhäuser).

DIE HERAUSFORDERUNG: Für das, was man selbst nicht leisten kann, muss Unterstützung gesucht werden. Daher darf man sich nicht abkapseln, sondern muss in beständigem Dialog mit der Umgebung bleiben. Gruppen, welche die Außenbeziehungen abbrechen, sind in vielerlei Hinsicht höchst gefährdet.

7. Von den Kleinen lernen?

Auf die Frage nach dem Lerneffekt für die ***Großen*** habe ich keine zufriedenstellende Antwort bekommen. Die zögerliche Antwort auf die Frage nach Übertragbarem heißt zunächst: Es gibt keine einfache und schnelle Antwort. Vieles, vielleicht das Meiste, was die ***Kleinen*** leben, können die ***Großen***, die ***Alten***, mit ihrer Geschichte und ihren Gebäuden, die oft tausend und mehr Jahre auf den Schultern tragen, nicht einfach übernehmen, ohne sich von den Gebäuden zu trennen (was immer wieder einmal geschieht). Was die ***Kleinen*** den ***Großen*** zeigen, ist, dass es möglich ist, Abschied zu nehmen von vielen überkommenen Strukturvorgaben und dass es dennoch oder gerade deshalb ein vollwertiges geistliches Leben der Gottsuche ist, das so gelebt werden kann. Die ***Kleinen*** sind gleichsam ein Spiegel unserer Zeit, in der offene Gesellschaften sich in Richtung auf mehr Basisdemokratie, Diversität, Eigenverantwortung und Aushandlungskultur entwickeln. Diese Impulse könnten auch in alte Klostergebäude einziehen, zumindest als Herausforderung und Frage mit einigem Gewicht für die jeweilige Gemeinschaft.

DIE CHANCE liegt hier auf der Seite der großen, ehrwürdigen Häuser. Sie sollten genau hinschauen und prüfen, welche Entwicklungen bei den kleinen Gemeinschaften sie zumindest als Anfrage erreichen. Und inwieweit sie das selbst zum Weiterfragen und Experimentieren anregen kann.

DIE HERAUSFORDERUNG liegt bei den Kleinen. Sie sollten das, was sie auszeichnet, nicht unter den Scheffel stellen, sondern davon reden. Das bedeutet auch: die Sozialen Medien viel mehr nutzen! Und Brüder und Schwestern zu sich einladen.

8. Sich immer wieder neu erfinden

Wenn eine Gemeinschaft kleiner geworden ist, wenn die Kräfte schwinden und das Haus sie überfordert, ist die Gefahr groß, dass sie weitermachen über den Kipppunkt hinaus, so gut es eben geht. Die seelsorglichen Aufgaben etwa können Priester bis ins hohe Alter hinein wahrnehmen. Auch ist vielleicht genügend Infrastruktur und materielle Basis da, damit Angestellte den Haushalt übernehmen. Die Räume nutzt man mangels Energie, etwas zu verändern, so, wie sie bisher genutzt wurden, auch wenn sie dafür viel zu groß und unpassend sind. Das Chorgebet wird nicht mehr für Mitbetende von außen geöffnet, der Gästebetrieb wird auf ein Minimum heruntergefahren.

Um hier neu durchzustarten, braucht es jemanden von außen, der an die Gemeinschaft und den Ort mit seiner Geschichte glaubt, der auch die Kraft hat, die Brüder von seiner Vision zu überzeugen, und der ein solides Netzwerk im Hintergrund hat, welches die notwendigen Schritte unterstützt. Dann kann das gelingen, was Abtpräses Jeremias auf dem Georgenberg umgesetzt hat. Wenn sich dann noch Jüngere einstellen, steht dem Weiterleben nichts mehr im Weg.

Einer, der beides kennt, ist Robert Igo, Benediktiner, der eine Neugründung in Simbabwe maßgeblich auf den Weg brachte und dort 25 Jahre lebte, bevor er zurückging und Abt seiner großen Heimatabtei Ampleforth wurde. Wie er seine afrikanischen Erfahrungen in Ampleforth tatsächlich einspeisen kann, weiß ich nicht. Seine Wahrnehmung bei der Rückkehr ist bedenkenswert: »Der Kontrast zwischen einer kleinen, sich entwickelnden Gemeinschaft, die Spontaneität und Familiensinn zuließ, und einer Gemeinschaft, die von institutionellen Lebensstilen geprägt war, verlangte von mir Geduld, Demut und Sensibilität.« Und weiter: »Tatsächlich ist eine der größten Lektionen, die ich gelernt habe, dass das Wichtigste die Qualität unseres Zusammenlebens ist, egal, wo wir uns befinden.«[5]

DIE CHANCE: Jemand von außen ins Boot zu holen hat in Gemeinschaften einen ähnlichen Effekt wie im Fußball, es kommt eine neue Dynamik hinein, die mitreißen kann.

DIE HERAUSFORDERUNG: Alle müssen voll und ganz dabei sein. Wen das überfordert, der sollte sich einen anderen Ort

5 Robert Igo OSB: Von der Gnade, an einer Neugründung teilzunehmen, und der Erfahrung der Rückkehr. In: AIM [Alliances Inter-Monastère]-Bulletin Nr. 124/2023, S. 64.

suchen dürfen. Und idealerweise sollte eine vollständige Trennung vom alten Gebäude möglich sein.

9. Der Geist des Herrn bewirkt Freiheit

Ist das Wirken des Heiligen Geistes in unserer Zeit gerade hier leise und zugleich beharrlich am Werk (vgl. 2 Kor 3,17)? Zu dieser meiner Eingangsfrage eine Wahrnehmung – mit aller Vorsicht. Wenn nicht mehr um den eigenen Platz gekämpft werden muss und die Energie frei wird, welche die vielen Beziehungsdynamiken größerer Gemeinschaften in der Horizontalen absorbieren, wenn nicht alles durch schwerfällige und große Konvente durchdiskutiert werden muss, wird plötzlich eine große Gottesdynamik in der Vertikalen freigesetzt. Sr. Emmanuela wies darauf hin, dass heute jede Person mit so vielen Lebensthemen und -dynamiken präsent ist, dass dies eine Gemeinschaft strukturell überfordert. Und Bruder Benedikt Maria betonte, dass plötzlich mehr Freiheit und Zeit zum Beten da ist.

Wenn zusätzlich die Begabungen jedes Mitglieds so genutzt werden, dass sich das Profil des Klosters immer wieder ändern darf, je nachdem, wer sich der Gruppe anschließt, und wenn man das, was gemeinsam als das spezifische Charisma der Gemeinschaft erkannt wurde, verwirklichen kann, dann wird der Alltag eher als Freiflug in Bindung denn als gebundene Pflichterfüllung erlebt.

Ich habe Männer und Frauen kennengelernt, die bei allem, was sie an inneren Verletzungen, an Krankheiten, Einsamkeit und Ratlosigkeit auf ihren Wegen durchgestanden haben, große

Ernsthaftigkeit und zugleich eine Heiterkeit und Freude von bedingungslos Gottsuchenden ausstrahlen. Menschen, die darum ringen, Gottes Wirken Raum zu geben, oder, in den Worten des heiligen Benedikts, Christus nichts vorzuziehen, und die sich von ihm gemeinsam auf dem Weg zum ewigen Leben führen lassen (vgl. Benediktsregel, Kap. 72,11f).

DIE CHANCE UND HERAUSFORDERUNG gleichermaßen ist es, sich gemeinsam und einzeln zu trauen, sich dem auszusetzen, Tag für Tag.

Sind kleine Gemeinschaften nun ein Zukunftsmodell?

Dass spirituelle Gemeinschaften in vielen Teilen der Erde kleiner werden oder bewusst als »klein« konzipiert sind, macht sie noch nicht zum Modell. Dazu ist es notwendig, dass sie bestimmte Strukturen und Elemente herausbilden, die an anderer Stelle aufgegriffen und variiert umgesetzt werden können. Ersteres sehe ich deutlich in den von mir besuchten Gemeinschaften. Wie weit die Erfahrungen anderswo Frucht tragen, wird die nächste Zukunft zeigen.

Was von alldem, was ich erfahren, gesehen, gehört und erlebt habe, ich für meine persönlichen nächsten Klosterjahre in meiner Gemeinschaft umsetzen kann, kann ich heute noch nicht sagen. Dieses Projekt hat mich jedenfalls sensibel dafür gemacht, dass Minimalismus (im Äußeren) und Fülle (im Inneren) fruchtbringende Voraussetzungen für kleine Gemeinschaften sind, die ihren spirituellen Weg in diesen komplexen Zeiten gehen.

Ich bin sehr dankbar für die vielfältigen Begegnungen, für die Offenheit, die Impulse und die wunderbaren Kraftorte, die ich entdeckt habe.

Glossar

ANTIPHONEN: Kehrverse, die zu Beginn und am Ende eines jeden Psalms gesungen werden.

BETRACHTUNG: Persönliche, möglichst tägliche Lesung eines Bibelabschnitts und meditatives Nachspüren – »Betrachten«.

CULPA: Auf Deutsch: »Schuld«, das Eingeständnis eines Fehlers, den man gemacht hat, etwa beim gemeinsamen Chorgebet, evtl. indem man eine Hand aufs Herz legt.

DEKANIEN: Gruppen à zehn Personen. In manchen großen Klöstern wurden solche Gruppen gebildet, die relativ selbstständig und in einem engeren Zusammenhang miteinander leben, sich austauschen, unterstützen oder gemeinsame Freizeitaktivitäten unternehmen.

DIAKONISSE: Mitglied einer evangelischen Gemeinschaft.

EXERZITIEN: Auf Deutsch: »Übungen«. Tage, in denen man sich in die Stille zurückzieht, mit täglicher Schriftlesung und mehreren Stunden Meditation, meist mit täglichen Begleitgesprächen durch einen ausgebildeten Begleiter, eine Begleiterin. Ignatius von Loyola gilt als der Begründer der klassischen Exerzitien.

MONASTISCHE GEBETSZEITEN: Am frühen Morgen oder am späten Abend, wenn der nächste Tage bereits beginnt:

Vigilien (mit 1–3 Teilen, sog. *Nocturnen*), morgens: *Laudes*, mittags: *Mittagshore* (heute meist eine Zusammenführung der drei Gebetszeiten *Terz/Sext/Non*) – am späten Nachmittag: *Vesper*, als Tagesschluss: *Komplet*.

GRADUALE: Lateinisches Gesangbuch für die Eucharistiefeier.

GREGORIANIK: Musikrichtung, lateinischer einstimmiger Gesang des Chorgebetes und der Eucharistiefeier.

HABIT: Das Gewand oder die Ordenstracht eines Mönchs oder einer Schwester.

KAPITEL: Die Mönche oder Schwestern im Kloster, welche die feierliche Profess abgelegt haben und sich zu wesentlichen Besprechungen und Abstimmungen versammeln, vor allem zur Wahl der Äbtissin, des Abtes. In großen Abteien gibt es dazu einen *Kapitelsaal*, einen Raum, der für solche Abstimmungen oder andere feierliche Akte genutzt wird.

KONVENT: Gemeinschaft der Mönche bzw. Schwestern im Kloster, mit feierlicher oder manchmal auch schon mit zeitlicher Profess.

KUKULLE: Schwerer Überwurf über dem normalen Habit. Wird zu feierlichen Anlässen oder auch bei Kälte zusätzlich zum Chorgewand getragen.

NOVIZIAT: Zeit der Prüfung, ob das Leben im Kloster die richtige Wahl ist. Dauert 1–2 Jahre, danach erfolgt eine Bindung für 3 Jahre und danach kann – wenn beide Seiten, der Kandidat und der Konvent, dem zustimmen – mit der feierlichen Profess die Bindung an die Gemeinschaft bekräftigt werden.

OBERER, OBERIN: Sammelbegriff für die Person, die eine Gemeinschaft leitet. Dazu gehören in einer Abtei der Abt oder die Äbtissin, in einem Priorat der Prior oder die Priorin.

OBLATE, OBLATIN, OBLATION: Menschen, die sich an eine benediktinische Gemeinschaft binden, ohne das Leben zu teilen. Sie verpflichten sich in der Regel, einen Teil des Stundengebetes täglich zu beten und treffen sich in bestimmten Abständen in ihrem Kloster. Oblation ist der Akt der Aufnahme.

REKREATION: Auf Deutsch: »Erholung«. Zeit, in der man sich zweckfrei für eine begrenzte Zeit trifft. In manchen Klöstern täglich zwischen Abendessen und *Komplet* oder nur an bestimmten Tagen.

Personenverzeichnis

Katharinenkloster, Angermund/Düsseldorf:

SR. EMMANUELA KOHLHAAS: Von 2010 bis 2022 Priorin in Köln, seit dem 21.6.2023 Oberin in Angermund. Sie ist promovierte Musikwissenschaftlerin und hat eine Ausbildung für Organisationsberatung und Coaching. Außerdem ist sie Buchautorin und gefragte Referentin. Zuletzt erschienen: »Die neue Kunst des Leitens«, Freiburg 2022.

SR. JOSEPHINE FISCHER: Subpriorin. Sie hat in ihrem Leben gleich eine doppelte Berufung erfahren. In sehr jungen Jahren hat sie eine Familie gegründet. Als ihre drei Kinder groß waren, erfuhr sie ihre Berufung zum Ordensleben und ist nun seit zehn Jahren Benediktinerin. Sie hat viele Jahre als Einzelhandelskauffrau gearbeitet, so war sie denn auch beim Straßenfest am Eisstand der Gemeinschaft mit viel Charme und Engagement ganz in ihrem Element. Sie hat eine Ausbildung in geistlicher Begleitung absolviert und versteht sich auf Bibliolog (eine Methode der Auslegung biblischer Texte, indem man sich in die Szene hineinversetzt).

SR. BENEDIKTA SCHADEN: Sie ist mit 85 Jahren die Seniorin der Gemeinschaft. Im Alter von achtzehn Jahren trat sie bei Franziskanerinnen ein, merkte aber nach einigen Jahren, dass ihr das monastische Leben mehr liegt als das apostolisch-tätige, seitdem ist sie Benediktinerin. Sie hat sich vor dem Umzug eigens ein neues Knie »verpassen« lassen und ist nun bereits wieder erstaunlich mobil – sie steigt, wenn nötig oder zum Training, schon wieder Treppen. Ihr Atelier, in dem sie Ikonen malt und Kerzen verziert, ist noch nicht fertig eingerichtet. Zu vieles hat sie mitgebracht und jedes Stück muss eigens in die Hand genommen werden, um seinen Ort zu finden. Die große Osterkerze in der Kirche stammt aus ihrer Hand. Sie war die Erste, die sich gemeldet hat, um mitzugehen.

SR. RAFAEL BACHER: Sie ist Meisterin im Stickerhandwerk und derzeit die beste Sängerin der Gruppe. In Köln war sie 2010–2022 Subpriorin und »Mädchen für alles«. Ihre Leidenschaft gilt den Greifvögeln, besonders den Uhus. Sie ist für die Kirche und den Einkauf zuständig.

SR. TABITA GERHARDY: Sie hat sich erst im Juni 2021 durch ihr Gelübde auf Lebenszeit an Gott und die Gemeinschaft gebunden. Von Jugend an hat sie als Friseurin gearbeitet. Darüber hinaus ist sie vielseitig interessiert und begabt. So schafft sie es, ohne jedes Rezept leckeren Kuchen zu backen. Sie ist die Autofahrerin der Gemeinschaft und auch sonst meist im »Turbo-Gang« unterwegs. Außerdem begrüßt und verabschiedet sie stets freundlich und kommunikativ die Gottesdienstbesucher:innen, die derzeit noch an der Klosterpforte schellen müssen, weil die Kirche keinen Außenzugang hat. Sie liebt Tiere über alles, so darf man gespannt sein, wann sie es mit ihrer puren Begeisterungsfähigkeit schaffen wird, dass das erste Tier ins Katharinenkloster einzieht.

SR. CLARA AERTS: Sie ist im Mai 2023 von Köln nach Angermund übergesiedelt. Sie ist gebürtige Niederländerin, die »Kräuterfee« der Gemeinschaft und praktiziert als »Heilpraktikerin Psychotherapie«. Anfang September 2023 konnte die Eröffnung ihrer Praxis in den Räumen des Klosters gefeiert werden.

www.benediktinerinnen-angermund.de

Zum Weiterlesen: »Mit frommer Tünche kommt man dem Leben nicht bei.« Artikel von Katja Thimm, in: SPIEGEL Nr. 22/27.5.2023, S. 38–42.

Emmaus-Gemeinschaft, Dresden

SR. ELISABETH-MAGDALENA ZEHE (EM): *1962, Missions-Benediktinerin seit 1986. Ausbildung zur Sonderschullehrerin, Quereinsteigerin in der Sozialarbeit mit Weiterqualifikationen. Lernerfahrungen aus vielfältigen Tätigkeiten und Herausforderungen in innerklösterlichen Aufgaben. Derzeit als Krankenhausseelsorgerin tätig. Seit August 2022 in Dresden.

SR. FRANZISKA LEHMANN (F): *1961, Missions-Benediktinerin seit 1995. In der DDR aufgewachsen; hat nach einer Ausbildung zur Krankenschwester in Halle an der Saale Kirchenmusik studiert. Durch ihre Arbeit an den Musikschulen viele Kontakte zu Kindern und ihren Familien. Seit August 2022 in Dresden.

SR. MARIA SINSEDER (M): *1948, die Seniorin, Missions-Benediktinerin seit 1972. Ausbildung zur Krankenschwester. Im Lauf der Klosterjahre weitere Ausbildungen (Hauswirtschaft, Landwirtschaft): wirkte an verschiedenen Orten, auch einige Jahre in Angola. Seit Juli 2022 in Dresden.

www.missions-benediktinerinnen.de/gemeinschaften/emmaus-gemeinschaft-dresden

Cella St. Benedikt, Hannover

Die Mönche hier nennen sich »Bruder«, unabhängig davon, ob sie Priester sind oder nicht. Ich habe dies beibehalten.

BR. NIKOLAUS NONN (N): *1956, Profess 1985, Priesterweihe 1988. In der Cella lebt er seit Mai 2012. Superior der Gemeinschaft. Er steht für seelsorgerliche Aufgaben zur Verfügung. Ferner Dozent für Gregorianik und Liturgik mit Lehraufträgen an der Hochschule für Musik, Theater und Medien in Hannover und in Lübeck.

BR. KARL-LEO HELLER (KL): *1964, Profess 1986. Seit der Gründung im Jahr 1988 in der Cella; er kam unmittelbar nach der Ablegung der zeitlichen Profess. Er ist für die Finanzen zuständig und leitet die »Praxis für Atmung und Stimme« im Haus, in der er vier Tage die Woche arbeitet. Er hat Lehraufträge für Gregorianik an den Musikhochschulen in Hannover und Detmold.

BR. DAVID DAMBERG (D): *1967, Profess 1988. Seit 2009 in der Cella. Er ist für die Öffentlichkeitsarbeit der Cella verantwortlich. Mit ihm leben zwei Katzen unterm Klosterdach. Auf der Website findet man einen Blog von ihm, in dem er immer wieder ungewöhnliche Menschen zu Wort kommen lässt. Und auch Kater Valentin äußert sich gerne zu aktuellen Themen.

www.cella-sankt-benedikt.de

Eremo St. Romuald, Diekholzen/Hildesheim

P. BENEDIKT MARIA LINDEMANN (BM): *1958, ehemals Abt der Abtei Dormitio in Jerusalem, seit 2013 mit der Gründung des Eremo St. Romuald an diesem Ort beschäftigt.

P. JEREMIAS MARSEILLE (J): *1962, ehemals Prior in Tabgha, Israel. Gemeinsam mit P. Benedikt Maria seit 2015 in St. Romuald.

Beide haben am 19.3.2019 ihren Übertritt in die Gemeinschaft von Camaldoli vollzogen.

BR. BERND MUKIAN (B): *1953, verschiedene Ausbildungen und Tätigkeiten: Chemielaborant, Möbeltischler, Dipl. Sozialpädagoge und Suchttherapeut in ambulanter Suchtbehandlungsstelle und in der Jugendvollzugsanstalt. Seit 2019 dabei. 2021 Klaustraloblation (Bindung an die Gemeinschaft alternativ zur Profess).

P. FABIAN BOUNGARD (F): *1990, seit 2020 dabei. Nach einem Noviziatsjahr in Camaldoli legte er im Frühjahr 2023 seine Zeitliche Profess ab. Seit Herbst 2023 zum Studium in Rom.

www.sankt-romuald.de

Cella St. Benedikt und Cella St. Scholastika, Insel Reichenau

P. STEPHAN VORWERK (S): *1955, Profess 1980. Mitbegründer der Cella 2001, Pfarradministrator für die drei Inselkirchen, Mönch der Abtei Gerleve.

P. STEPHANOS PETZOLD (ST): *1960, Profess 1983, seit 2019 in der Cella. Er ist Vikar und unter anderem für die Seelsorge im Schwesternkloster Hegne eingesetzt; Mönch der Erzabtei Beuron.

P. HUGO S. EYMANN (H): *1944, Profess 1967. Der Senior, seit 2010 in der Cella, übernimmt auch Gottesdienste; Mönch der Erzabtei Beuron.

SR. ARACELI ESCURZON (A): *1957; sie war Generaloberin ihrer Gemeinschaft, den »Schwestern des Eucharistischen Königs« auf den Philippinen; Theologin und seit 2017 dabei.

SR. ROCHELLE MARIA C. VIDAL (R): *1968; war Priorin im Priorat St. Benedict in Lalud/Philippinen und kam gemeinsam mit Sr. Araceli 2017 auf die Insel.

www.benediktiner-reichenau.de

Zum Weiterlesen:

Timo John: Die Klosterinsel Reichenau im Bodensee, Beuron 2006 (3. Aufl. 2017)

Madeleine Spendier: Das geschwisterliche Leben in der »Ordens-WG«, in: katholisch.de, veröffentlicht 10.4.2023. www.katholisch.de/artikel/44410-das-geschwisterliche-leben-in-der-ordens-wg (abgerufen am 20.7.2023)

Benediktinerinnen auf dem Weißen Berg, Prag/Tschechische Republik

SR. FRANCESCA ŠIMUNIOVÁ, ÄBTISSIN (F): *1973, Profess 2014. Sie studierte Sonderpädagogik mit Zusatzausbildungen; bis 2020 Beauftragte der »Aktion Sühnezeichen Friedensdienste« in der Tschechischen Republik. Sie ist in der ökumenischen Bewegung und im interreligiösen Dialog engagiert. Äbtissinnen-Weihe 2021. Sie lebt in München und in Prag.

SR. ANEŽKA NAJMANOVÁ (A): *1967, Profess 1998 (in Polen), Bauingenieurin. In Prag unter anderem für das Gästehaus, die Oblatinnen und die Liturgie verantwortlich.

SR. PETRA PAVLIČKOVÁ (P): *1976, Profess 2004, Restauratorin. In Prag unter anderem für alle Bauvorhaben und für die Kontakte zur Pfarrei verantwortlich.

SR. TERESA SPIKA (T): *1974, Profess 201, Grundschullehrerin (Promotion in Grundschulpädagogik). Nach drei Jahren in Prag als Lehrerin an der Deutschen Schule dort (2019–2021) vom Bayerischen Staat wieder in den Schuldienst nach Bayern zurückbeordert.

SR. BARBARA FLORIAN (B): *1957, Profess 1986, Gemeindereferentin, pensioniert. War in München Priorin, seit Oktober 2022 in Prag. Die Eltern waren Sudetendeutsche, wodurch sie einen inneren Bezug zum Land hat.

SR. BIRGITTA LOUIS: *1938, Profess 1974, bis zur Pensionierung Professorin für Psychologie im Studiengang für Religionspädagogik der Kath. Stiftungshochschule München. Sie gehörte zur Gründerinnengruppe und lebte 2007–2020 in Prag.

www.benediktinky.cz/de

Zum Weiterlesen:

Lucia Wagner, Anežka Najmanová: Komunitá Venio OSB, Praha. Ein tschechisch-deutsches Benediktinerinnenkloster, in: DOK (Deutsche Ordenskorrespondenz) 52 (2011) H. 1, S. 49ff.

Jan Royt: Wallfahrtsort St. Maria de Victoria auf dem Weißen Berg, Prag 2020

Kloster Zum Heiligen Kreuz, Wechselburg

P. MAURUS KRASS: *1959, seit 2012 in Wechselburg. Prior des Klosters. 1979 Klostereintritt in Ettal. Er hat Theologie und Germanistik studiert, war Lehrer und Schulleiter des Benediktinergymnasiums sowie von 1993 an Prior in Ettal. In Wechselburg übt er neben seiner Aufgabe als Prior und der Leitung des Gästehauses das Amt des Kirchenrektors aus. Zudem wirkt er als Priesterseelsorger im Bistum Dresden-Meißen und als geistlicher (Exerzitien-)Begleiter. Er gehört dem »Priesterrat« des Bistums und dem Präsidium der »Bayerischen Benediktiner-Kongregation (BBK)« an.

FR. VICTOR LOSSAU: *1975, seit seiner Zeitlichen Profess 2001 in Wechselburg. Er stammt aus der Region Chemnitz und wurde als Erwachsener 1999 durch Pater Gabriel in Wechselburg getauft. 2000 Klostereintritt in der Mutterabtei Ettal, wo er auch das Noviziat absolvierte. Nach der Zeitlichen Profess kam er seinem Wunsch gemäß nach Wechselburg, wo er 2004 die feierliche Profess ablegte. Es war die erste benediktinische Profess in Sachsen seit der Reformation. Fr. Victor hat aktuell einen Lehrauftrag für kath. Theologie an der TU Dresden. Mit großer Fachkompetenz und Herzblut hat er einen Klostergarten gestaltet, durch den er auch Führungen anbietet. Bei der Anlage war der »Hortulus« von Walahfrid Strabo maßgeblich (W. Strabo, 807–849, Benediktiner und zeitweise Abt auf der Insel Reichenau im Bodensee. Der »Hortulus« ist eines der bedeutendsten botanischen Bücher des Mittelalters).

P. JOSEPH SOMMER: *1967, geboren in Brandenburg, kam 2020 als Priester des Erzbistums Berlin als Interessent des Klosters nach Wechselburg. 2021 wurde er in Ettal ins Noviziat aufgenommen. 2022 legte er seine zeitliche Profess ab. Er sieht seine Berufung in Wechselburg und verbringt bereits jetzt jedes Jahr mehrere Wochen dort.

www.kloster-wechselburg.de

Zum Weiterlesen: Maurus Kraß: Glückliche kleine Gemeinschaften. Eine benediktinische Tour d`horizon – in die Weite und in die Tiefe, in: Erbe und Auftrag, H. 3/2020, S. 324–328

Abtei St. Georgenberg, Tirol/Österreich

ABTPRÄSES JEREMIAS SCHRÖDER: *1964, ist seit 1984 Missions-Benediktiner von St. Ottilien. Er studierte unter anderem Philosophie und Theologie in Rom sowie Geschichte in Oxford. Von 2000–2012 Erzabt von St. Ottilien und Leiter der Benediktiner-Kongregation von St. Ottilien weltweit. Als Motto seines Dienstes wählte er: »Respice Stellam – Schau auf den Stern«. Mit der Trennung des Amtes des Erzabtes von St. Ottilien und des Abtpräses der Kongregation wurde er 2012 zum ersten Abtpräses der Kongregation gewählt. Dieses Amt hat er bis heute inne. Seit 2021 ist er außerdem Administrator in St. Georgenberg, wo er auch seinen Wohnsitz hat.

www.st-georgenberg.at

Zum Weiterlesen: Jeremias Schröder: St. Georgenberg, in: Füreinander. Mitteilungsblatt der Österreichischen Benediktinerkongregation, Ausgabe 70, H. 1/2023, S. 54–57

Propstei St. Gerold, Großes Walsertal/Österreich

P. MARTIN WERLEN: Seit 1983 Mönch des Benediktinerklosters Einsiedeln in der Schweiz. Der Walliser studierte Philosophie, Theologie und Psychologie in der Schweiz, in den USA und in Italien. Von 2001 bis 2013 war er Abt des Klosters und Mitglied der Schweizer Bischofskonferenz. Seit August 2020 ist er Propst der zum Kloster Einsiedeln gehörenden Propstei St. Gerold. Er ist einer, der das Zeitgeschehen in Kirche und Welt aufmerksam beobachtet und seine Eindrücke in Aufsätzen, Büchern, Vorträgen weitergibt. Er setzt sich aktiv für einen Kulturwandel in der katholischen Kirche ein und hat mehrere Bücher geschrieben, die weit über die Kirchengrenzen hinaus zu Bestsellern wurden. Er ist ein gern gehörter Referent in kirchlichen und weltlichen Kreisen. Geschätzt wird seine immer wieder überraschende Weise, wie er anstehende Fragen angeht. P. Martin Werlen ist ein aktiver Nutzer von Twitter unter @MoenchMartin.

www.propstei-stgerold.at

Zum Weiterlesen: Martin Werlen: Gebet, in: Manuel Herder (Hrsg.): Was kommt, was geht, was bleibt, Freiburg 2023

Stadtkloster Zürich/Schweiz

ZWEI DER BEWOHNERINNEN:

JANIQUE BEHMAN: *1978, lernte das Benediktinische bereits in ihrer Gymnasialzeit an der Stiftsschule Einsiedeln (Schweiz) kennen. In einer Umbruchphase in der Lebensmitte wurde der Wunsch nach gemeinschaftlichem Leben und Beten so stark, dass sie sich auf die Suche machte und im Stadtkloster Zürich eine geistliche Heimat fand. Sie war in Ägypten für die »Caritas«, in Basel mit den Jesuiten in der Hochschulseelsorge und in der Nähe von Bern als Pfarreiseelsorgerin tätig. Inzwischen arbeitet sie in Fundraising und Kommunikation für einen Thinktank zu globalen Zukunftsfragen.

KARIN REINMÜLLER: *1967, promovierte Physikerin, Master in Theologie, ebenfalls mit benediktinischer, aber auch ignatianischer Affinität. Sie sagt von sich selbst: »Im Stadtkloster zu leben ist für mich nicht ohne, vielleicht anspruchsvoller als in einer ›offiziellen‹ Ordensgemeinschaft, wo schon vieles gewachsen und geregelt ist. Unser Leben ist intensiv und fragil, immer wieder herausfordernd – und dann wieder so schön, dass ich mich gern fallen lasse in das Geschenk, so leben zu dürfen.«

www.stadtkloster.ch

Zum Weiterlesen: Hans Strub: Kloster werden. Die ersten Jahre des Stadtklosters Zürich, Zürich 2021

Bibliografische Information der Deutschen Nationalbibliothek
Die Deutsche Nationalbibliothek verzeichnet diese Publikation in der Deutschen Nationalbibliografie. Detaillierte bibliografische Daten sind im Internet über http://dnb.d-nb.de abrufbar.

Ohne Folie
Für unsere Umwelt

MIX
Papier | Fördert gute Waldnutzung
FSC® C014889
FSC www.fsc.org

in Deutschland produziert

1. Auflage 2024

Lektorat: Marlene Fritsch
Umschlaggestaltung: Finken und Bumiller
Umschlagmotiv: FOTO SALE/shutterstock
Druck und Bindung: Pustet, Regensburg

ISBN 978-3-7365-0552-0
www.vier-tuerme-verlag.de